カウンセリング・スキルアップのこつ

面接に活かすアサーションの考え方

平木典子

Ψ
金剛出版

目　次

第Ⅱ部　臨床現場で活かすカウンセリング・スキルのコツ

第Ⅰ部　カウンセリングの原則を学ぶ

一　精神療法を教え伝える

——セラピストの特性と方法論の統合を目ざして——

はじめに

　私は、一九六一年にカウンセリングを学ぶために米国に留学し、帰国して心理臨床の仕事に就いた。欧米における精神療法とカウンセリングは、一九〇〇年代に科学としての地位を確保し始め、第二次世界大戦後の一九六〇年代から七〇年代にかけて四〇〇を超える理論・技法の乱立が始まっていたことを考えると、私は戦後、日本の心理療法の黎明期に欧米の心理療法を後追いする形で教育・訓練を受け、実践と指導を開始したことになる。その間、欧米における心理療法の理論・技法はいくつかのパラダイムの変遷を遂げ、それに伴って実践・指導法も変化した。

　そのプロセスで私の心理臨床の実践と指導に大きなインパクトを与えたのは、カウンセリングの最初の指導教授ウイリアムソン博士、学生相談の現場におけるＯＪＴ、そして家族療法のパラダイムである。そのインパクトは、現在、カウンセラーの教育・訓練モデル、心理（精神）臨床スーパーヴィジョンの統合モデル、ライヴ・スーパーヴィジョンモデルとして活用するに至っている。本稿は、そのプロセスで出会った先達（師・スーパーヴァイザー・同輩）と後輩（大学院生やトレーニー）との相互交流の記録でもある。

一　ウイリアムソン（Williamson, E.G.）のカウンセラー教育・訓練モデル

1　「特性因子理論」のパラダイムによるVocational Counselor訓練

私の臨床教育・訓練は、一九六一年、ミネソタ大学大学院におけるVocational Counselor養成プログラムから始まる。そのコースは、戦後日本への教育使節団のメンバーでもあり、全米のカウンセラー教育のリーダーシップをとっていたウイリアムソンを中心に展開されていた。その訓練のパラダイムは、「特性因子理論」に基づく「個人の適性と職業の特性の適合」を図るものであった。当時、個人の適性のアセスメントには知能検査、価値観の検査、性格検査、職業適性検査などが活用されていたが、ＭＭＰＩの著作権とストロング式職業興味検査の版権を持つ大学はその研究成果をフル活用し、学内カウンセリング施設における実習につないでカウンセラー訓練を行っていた。ミネソタ方式と呼ばれる教育・訓練は、全米各地から、また他の国々からも学生を集めるほどの人

気であった。

カウンセリングや心理療法の教育・訓練が皆無に近い日本からの留学生だった私にとって二年間の専門訓練は、即戦力を身につけるには短すぎた。しかし、ウイリアムソンの学生への語りから伝わってくる教育哲学、カウンセラー教育の理念は、現在まで私の臨床実践と教育訓練の基盤となっている。彼は、カウンセリング関係とは、選択の自由を持つ学生が自己の可能性の最大の実現を望めるようにするための特別な取り組み（Williamson, 1965）ととらえ、「人は誰もが自分にふさわしい vocation（天職）を通して生涯を生きる権利があり、その実現を支援するのがカウンセリングだ」と語っていた。その理念は、次に述べる三つの要素をつなぐ実践と訓練に表現されていた。

2　三つの心理支援をつなぐカウンセリング

① vocation の実現を支援する

vocational guidance/counseling の vocation（天職）は、日本語では「職業」と訳されているが、英語圏の人々にとっては「天から与えられた職務」という意味であり、収入を得るための職業（occupation, job）とは異なったニュアンスで受け取られている。カウンセリングとは、天命としての職業を選び、生き方や自己実現を支援することであり、当時のカウンセリング専攻の学生たちにとって、自己実現の支援という大きな傘の下で行われる個別的、心理的支援を意味していた。

②心理的能力の開発

vocationの発見による自己実現の支援を行うには、「潜在能力の開発、育成」が必要である。カウンセリングの中核的働きは、個々のクライエントの心理的能力の開発と実現であり、未発達でばらつきのある能力を見定め、開発・活用するには個別支援を必要とする場合が多い。たとえば、自己コントロールや自己理解の能力、コミュニケーション・スキルやリーダーシップ・スキルといった心理的能力は個人のニーズに応じて開発するカウンセリングの中核的機能である。ミネソタ大学では「開発的」な働きを強調したカウンセリング、あるいはPersonnel Work（人的資源にかかわる働き）という言葉が多用されており、集団の場を活かして心理的な配慮をしながら教育・支援する活動も盛んであった。現在の「心理教育」の先駆ともいえるものである。

③心理的癒し

カウンセリングの重要な機能には「心理的外傷体験の癒し」、いわゆる心理療法も含まれる。とりわけ教育機関では、心理的治癒を優先する必要があるクライエントを早期に発見し、対応することが求められ、心理療法は心理的能力の開発と分離した働きではなく、キャリアを展望して行われる。「スクール・サイコロジスト」養成のコースがこの点に絞った専門訓練であった。

ウイリアムソンは、vocationとは「社会の中でなすべきことで個々人ができることを生涯にわたって追求する生き方」であり、それを支援するには心理的外傷体験の治癒、潜在能力開発、そして自己実現をつなぐカウンセリングが必要だと考えていた。カウンセリングとは個人の最大の実現であるvocationの追求の支援であるという理念は、私自身のvocationをふり返る指針でもあり続けている。

二　ＯＪＴとしての精神科医との連携とＴグループ

帰国して一九六〇年代後半に就いた大学の学生相談の現場は、進路・就職相談、学生運動や家族関係の苦悩、統合失調症やうつの初期症状など、広範にわたる訴えに出会うところであった。未熟な実践能力のまま指導教授から離れ、学生相談の先輩も不在の日本での臨床実践は、徐々に思いがけない方向をたどることになっていった。神経症と精神疾患に苦しむ学生がまず気軽に訪れることができる場が学生相談であり、私の仕事は精神療法を中心に展開されることになったのである。この時期の訓練は、二種類のＯＪＴでカヴァーされていった。

1　精神科医との連携

青年期の精神医療を専門とし、学生相談所の顧問医であった今は亡き山田和夫先生は、精神医療における言葉による有効な心理的介入の生きたモデルであった。たとえば、インテークで私に「妄想」を語り、精神科医を拒んでいた男子学生をどうにか先生にリファーすると、私の報告とクライエントの訴えを聞き取った後、「それは大変だ。落ち着かず、眠れないのも無理はない。これを続けるとノイローゼになるから、どうにかしようよ」と、ご自分につないでいく。「これこそ、クライエントが抵抗なく受け容れ、変化していく介入なのだ」と納得し、そうなりたいと心に決めた機会だった。駆け出しの時期、このような介入の言葉かけに触れ、精神療法の奥の深さを知ったことを感謝している。

2　Tグループ（Training Group）でのトレーナー体験

Tグループは、テーマのない自由な話し合いを続ける一週間の小グループ活動であるが、メンバー同士の率直な思いの交換が自己理解、他者理解、関係理解を深め、個性と関係性の両立によってグループの創造性が高まる体験をする場である。とりわけ、そこでのトレーナー体験は、臨床に転移できる学習をもたらした。ごく初期の段階でメンバーは、トレーナーに対して、権威や権力に対する投影や率直な感情をフィードバックする。それは、個人面接の場面で自分がどんな人に、どんな印象や影響を与えているかを知る絶好の機会となる。そこでの対応の試みと経験は、臨床の場で出会う多様なクライエントとのより自然で、自由なかかわりを援けてくれた。

三　家族療法のパラダイムによる精神療法理論・技法の統合と汎用性のあるSVモデル

一九七〇年代の後半に入り、大学では無気力症、摂食障害、留年など青年期の自立の遅れの問題が目立ち始めた。人生最大の転機（transition）とも言える青年期に退却的抵抗はありうるとしても、その時期が長引き、さまざまな理由で休学や留年を繰り返す学生とその状態の理解に苦しみ、焦る家族との葛藤は、より一層自立を停滞させるという悪循環を招いていた。自立を迫られる青年と家族の葛藤を前にして、個人療法の限界と自己の実力の不十分さを痛感して暗中模索していたとき、はからずも北米では家族療法が心理療法の世界を席巻する勢いを見せていた。この時期、家族療法に出会ったことは、その後の私の心理療法の実践と指導に最大の転機をもたらした。

1　症状・問題を関係性の問題としてとらえること

本稿で家族療法の理論・技法を詳説するスペースはないので、要点を述べる。臨床実践における家族療法のインパクトは、個人の症状や問題を個人の問題としてではなく「関係性」の問題としてとらえ、支援の焦点を関係性の変化に当てることであり、その視点は、セラピーにおける専門職の位置付けを変えるものであった。

①関係性（システム）の変化から理論・技法の統合へ

個人、家族、社会は階層をなす生態システムの一部であり、それぞれの生体はそれ自体を形成する諸要素の交互作用のまとまりとして機能しながら、同時に下位と上位のシステムとも交互作用して変化し続けている、という理論は、私が学生相談でつまずき、途方に暮れた状況を見直し、単純な原因探しや悪者探しに警告を発し、関係性の問題へのアプローチの必要性を示唆するものであった。

同時に、生体をシステムとして包括的にとらえる視点は、一見対立し、優を争っているかに見え

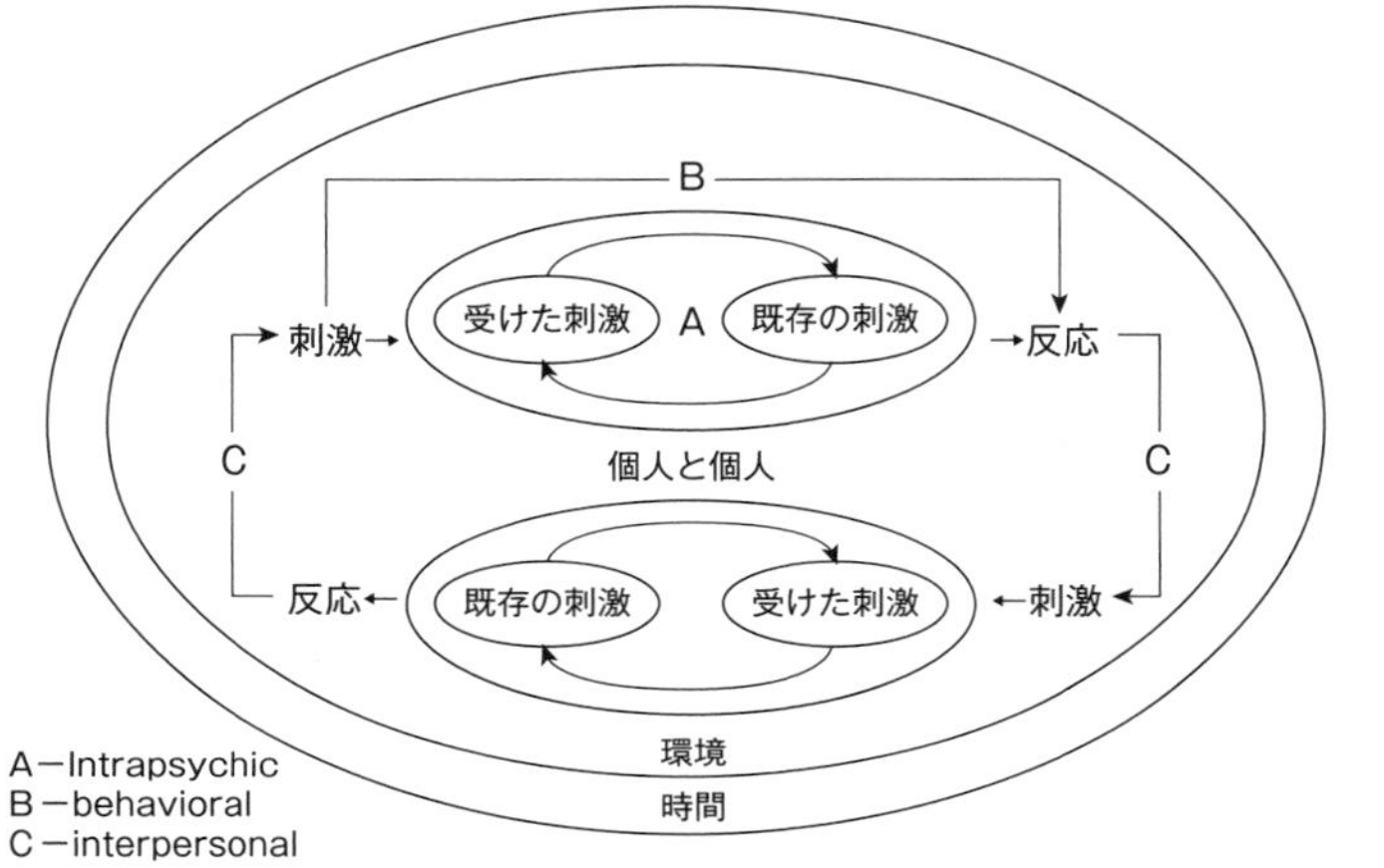

図　エコシステミック・セラピー統合モデル（平木，2003）

た多くの心理療法の理論・技法の統合を可能にするものであった。

上の図をご参照いただきたい。Aは人間の内的世界で内省を中心とした心理療法が解明してきた領域であり、Bは行動主義心理学を活用した行動療法の領域、そしてCが関係の世界を重視する家族療法の視点を活用する領域である。心理療法やカウンセリングはこれらの三つの世界にかかわり合う理論と方法を別個に開発してきたと言える。家族療法はA、B二つの領域も含んで進行するので、それらが矛盾・葛藤を起こすことはないのである（平木、二〇〇三）。

②汎用性のある訓練モデルの開発

この考え方とその実践は一九九〇年代に入って大学院における臨床心理士の教育・訓練に援用され、さらに、汎用性のある心理臨床専門職の基礎訓練モデルの開発につながった。それまでの臨床心理士の教育は、各教員の信奉する学派の理論・技法による随意の訓練であり、学派を超えた心理臨床の基礎訓練は行われていなかった。学派を超えた心理臨床スーパーヴィジョンモデル（平木、二〇一七）は、大学院二年間の基礎実践訓練の中核となるものであり、現在、日本キャリア・カウンセリング学会のスーパーヴァイザー訓練モデルとなっている。

なお、私の主宰するＩＰＩ統合的心理療法研究所における教育訓練は、「家族療法を中軸とした統合的心理療法」であり、基礎訓練の後に専門機関で行われる実践訓練として位置付けている。それは、次に述べるライヴ・スーパーヴィジョンを重視したモデルである。

2　訓練におけるライヴ・スーパーヴィジョンの意味と効果

一九七〇年から今日までの間に、心理臨床における実践と訓練の位置付けは大きく変わった。つまり、「科学の知」を応用する科学から、「臨床の知」（中村、一九九二）を生み出す科学となったのである。実践の科学は、理論的・実証的研究成果を応用するだけでなく、むしろ現場のリアリティから創造されていく。その意味で科学の知と臨床の知の統合は、心理臨床教育・研究の今後の課題であり続けるだろう。

臨床の知を生み出す典型的な訓練がライヴ・スーパーヴィジョンであろう。私が設立した研究所の臨床訓練は、これを中心にケース検討会、個人スーパーヴィジョンを行っている。

家族療法が開発した臨床の現場における生《なま》のスーパーヴィジョンには、臨床哲学、専門職（匠）の巧みな言語の介入、そして実践に参与する全員の相互交流の知恵がある。ＩＰＩでは、コ・セラピーによる訓練と同時に、面接の途中で観察室のスタッフとチームによるインターセッションを活用したライヴ・スーパーヴィジョンが行われる。

①今、ここでかかわっている人々を意識した生のスーパーヴィジョンの意味

クライエント、あるいは家族に対してその人の身になってフィードバックが即時に返されることは、クライエントたちにセラピストのみならず、他のスタッフからも支えられ、見守られている実感をもたらしていく。

複数のスタッフからときには異なった見方やコメントが伝えられると、家族のみならず参加者全員が同じ意見を持たなくても助けられ、また各自の独自性が維持される感覚を得る。

②関係性に立脚したスーパーヴィジョンは、専門職の位置付けを変える

図でも示した通り、心理療法やカウンセリングは、個人対個人の支援関係にとどまらず、セラピー内外でかかわっている人々の多重な関係の一つである。つまり、クライエントの変化は支援者を含めたその他の人々との関係性の中で進むのであり、支援者のかかわりはクライエントのよりよい関係性の循環を生む媒介となることが望ましい。支援者ができることは、システムの必要に応じてシステム内のリソースを活用して小さな変化を起こし、よい変化の循環を開始することであろう。

支援者は多様な関係性の中でかかわりを持つ一員であり、そこでは他のメンバーと同じようにその人独自の思いの言語化や言葉が生み出され、伝達されていく。セラピストは、その場で誰かに意

味がある自分ならではの言葉かけができるようになっていきたいし、指導者としては、そのようなセラピスト訓練をしていきたい。

文献

平木典子（二〇〇三）『カウンセリング・スキルを学ぶ』金剛出版
平木典子（二〇一七）『増補改訂 心理臨床スーパーヴィジョン―学派を超えた統合モデル』金剛出版
中村雄二郎（一九九二）『臨床の知とは何か』岩波書店
Williamson, E.G.（1965）Vocational Counseling : Some Historical, Philosophical, and Theoretical Perspectives. New York, McGraw-Hill.

二　面接技法の基礎と実践

はじめに

これから「面接技法向上のために」をテーマにお話しさせていただきますが、本題に入る前に、まず心理療法とカウンセリングの歴史の中で、私が今どのような立場にいるかということをお話ししておきたいと思います。

心理療法もカウンセリングも一九〇〇年代に生まれた比較的若い学問です。一九〇〇年頃、心の世界を探求する最初の試みとして精神分析が誕生しました。次いで一九〇八年に職業をどのように選択し身に付けていくかを助けるための方法として、つまり、今私たちが進路指導と呼んでいるカウンセリングが始まりました。

心理療法とカウンセリングは、ほぼ同時代に始まった心理支援ですが、精神分析が精神的な症状や悩みを持った人たちの助けをすることを目的として始まったのに対し、カウンセリングは、精神的には健康であっても職業や生き方に迷ったり悩んだりする人を助けることを目的に始まったという違いがあります。

しかしその後カウンセリングは、精神的な問題を抱えた人たちの支援をする方向にも広がっていきました。なぜならカウンセリングで個人の適性や能力の開発、活用を助けようとすると、学校や職場には心理的問題を抱えた人たちがおり、そうした問題を無視して進路指導をすることはできないことがわかったため、そのような人たちのケアもすることになったのです。

こうしてカウンセリングは、優れた能力を持つ人たちから精神的な症状や病を持つ人たちまでを対象とした支援になり、そうした人たちがそれぞれ皆その人らしく生きるための生き方の支援として確立し、広がっていきました。

そのような経過の中で一九五〇年代に、カウンセリングの父と呼ばれているロジャーズ（Rogers, C.R.）が『カウンセリングと心理療法』を著し、カウンセリングと心理療法の基礎は同じであると述べました。彼は支援をする側に三つの条件、①人を大切にする心があること、②カウンセラーが自分に対して正直であること、③共感性があること、があれば、心理支援はできると言ったのです。ロジャーズの考えは、理論・技法を重視する人々から反発を受けながらも、いまだに心理支援の基本になっています。

ところで心理支援の世界では、その後一九七〇年代に至るまでに「クライエント中心療法」「行動療法」「交流分析」「認知療法」等々、さまざまな流派の心理療法が生まれています。一九八〇年代の初めに、世界で開発された心理療法の理論を数えた人がいるのですが、その時点で四〇〇を超える学派があったと言っています。心理療法・カウンセリングの世界では、第二次世界大戦後三〇年ほどの間に多数の流派が生まれ、優を争う競争の時代が訪れました。その後欧米諸国においては、心理療法・カウンセリングの効果研究が盛んになり、「流派による効果の違いはないこと」「どの学派にも効果をもたらす共通因子があること」、しかし「すべての心理支援に一つの学派の理論・技法が有効ではないこと」が明らかになり、一九九〇年代に入ると心理支援の理論・技法は折衷・統合の時代を迎えました。

一方日本においてカウンセリングと心理療法は、戦後一九五〇年代にいきなり北米から紹介され、その後欧米の影響を受けて多くの理論・技法が取り入れられ、欧米の理論・技法の論争についていくことが精一杯でした。日本では異なる理論を批判し合うことも盛んではなく、効果研究の成果も知らず、たとえば大学院で臨床心理士の養成に携わる教員たちも、精神分析の講義しかしなかったり、ロジャーズのクライエント中心療法が万能であると思い込んでいるという状態でした。教員が心理臨床支援に不可欠で共通の因子について知らず、また教えることができないため、卒業生たちは多様な問題を持つクライエントがいる実践現場に出て、困惑するという状況が起こりました。日本の大学院における心理療法・カウンセリング教育・訓練に関しては、理論面でも訓練の面でも五〇年の遅れを取り戻すことができずに現在に至っています。二〇一五年に公認心理師という国家資格ができたことでスタンダードな訓練内容と方法を熟慮し、認定を開始することになりました。

大学院二年間で実践能力を習得するニーズが高まってきたのです。

実は、私は一九六〇年代初期にアメリカの大学院でカウンセラーの養成訓練を受けたこともあり、心理支援の基礎として各学派の理論・技法の基本を学ぶことは必須ですが、たとえば精神分析家を育てるわけではないのに精神分析のみの訓練をしても仕方がないといったことを考えてきました。また、学生を二年間という短期間で一人前の専門家にするためには、汎用性のある統合的な内容をまず教える必要があると考えています。

また、カウンセリング・心理療法の訓練については、カウンセラーの技法訓練とスーパーヴァイザーの技法訓練は同種だと思われていた時代もありましたが、アメリカでは一九五〇年代にはすでに、カウンセリング・心理療法の技法そのものの訓練と、カウンセリング・心理療法の専門家の成長を促すための指導、つまりスーパーヴィジョンの方法の指導は別だということで現在に至っています。

ここでは、そのような歴史の中で積み上げられてきたこと、つまり汎用性のある訓練や汎用性のある理論を基礎にした技法訓練の考え方について述べます。ただ、あくまでもカウンセリングや心理療法における汎用性がある訓練法ですので、家裁調査官の皆さんに共通する訓練法とは異なっているのではないかと思います。そのため私が行ってきたことを皆さんと分かち合うことで、皆さんなりに整理・統合していただきたいと思います。

一　面接技法指導の基本要素を探る（スーパーヴィジョンの統合モデルより）

これまで受けた指導をふり返る
①最悪の指導……効果的な指導とはどんなことだろうか。
②実践に役立った指導……指導者の言動を描写する。

前記の「これまで受けた指導をふり返る」に挙げた各項目を読んで、まず皆さんが面接技法あるいは調査技法について受けた指導の中で、①最悪の指導はどのようなものだったか、②実践に役立った指導はどのようなものだったかということをふり返ってください。皆さんのふり返りの中から出てきた要素を私と皆さんとで分かち合い、これからお話しする内容に組み込んでいこうと思います。

最悪の指導を考える理由は、それを基に効果的な指導はどのようなものかを探りたいと思っているからです。最悪の指導というと、多少悪口を言うようなことになるかもしれませんが、悪口というのは別の言い方をすると、自分が傷ついたり苦労したりしたことということになると思います。そのため、指導がどのようなものであったために傷ついたり苦労したりしたのかをふり返っていただくと良いかと思います。

ふり返り（reflect）は、指導を行う上で一番重要であり学びの中心です。つまり、傷ついたり苦労したり大変だったりしたということは、自分の中の何かが信号を発していたわけですから、それをふり返ることができるようになれば、技法が向上する可能性もあるわけです。

さて、面接技法の具体的訓練は、心理療法・カウンセリングの世界では、スーパーヴィジョンという形で実施されています。

これから述べる内容は、ホロウェイ（Holloway, E.L.）が一九九五年にアメリカで発表したＳＡＳ（The Systems Approach to Supervision）とよばれているスーパーヴィジョン・モデルに基づくものです。欧米では多くの研究者が、各学派が行っているスーパーヴィジョンの中で共通に取り扱われている要素の抽出を行っていますが、その中でもホロウェイのモデルは頻繁に引用されている統合的モデルです。

下図は、ホロウェイが図示したスーパーヴィジョンの統合モデルを私が簡略化したものですが、スーパーヴィジョ

図　SAS モデルに含まれる SV の中核要素 関係 （契約・段階・構造）と四つの文脈的要素 SVor SVee 機関・組織 クライエント と二つの SV プロセス要素（課題と機能）

注）SV：スーパーヴィジョン，　SVor：スーパーヴァイザー，　SVee：スーパーヴァイジー

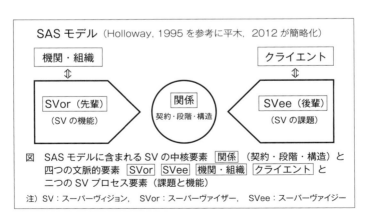

ンにかかわる要素を鳥瞰した図です。

1 スーパーヴィジョン関係

太い枠に囲まれた関係を中心に左右から矢印が出ている部分は、スーパーヴィジョンの現実の場面のイメージです。スーパーヴァイザー（先輩）とスーパーヴァイジー（後輩）の間にはＳＶ関係があります。これは関係性がスーパーヴィジョン・指導の中核要素であることを意味しています。たとえば、先ほど皆さんにふり返っていただいた最悪の指導は、この関係が成り立っていなかったことによるのかもしれません。

このスーパーヴィジョン関係が成り立つためには、三つの要素（契約、段階、構造）が必要です。契約とは、指導を受ける、指導をするという両者の立場と役割が明確で、そこで何時、何をどのようにするかについて一定の契約を交わすことです。言い換えると、勝手気ままに指導したり指導を受けたりするのではなく、それぞれの立場に基づく機能と課題を前提として契約が成立していることが重要なのです。

二つ目の要素である段階とは、その関係と契約には指導をする側と受ける側の専門性を考慮することが含まれるということです。つまり両者にはそれまでの経験や学習、その人なりの支援理論等の専門性の発達段階があり、それらを考慮した指導が必要であることを意味します。

関係に含まれる三つ目の要素は、その構造です。構造には、気楽に日常的に話し合うような緩やかなものから大学の授業のように時間数、単位を与える、与えないなど厳格なものまで、さまざまなものがありますが、指導に当たってはどのような構造で指導するのかを明確にする必要があります。

そしてその指導とは、クライエントをどのようにカウンセリングしていくかに関する指導であって、スーパーヴァイジーを矯正するための指導ではありません。スーパーヴァイザーとスーパーヴァイジーは直接かかわっており、スーパーヴァイジーとクライエントも直接かかわっていますが、スーパーヴァイザーとクライエントが直接かかわることはあまりなく、スーパーヴィジョン関係とカウンセリング関係は、並行で進んでいます。スーパーヴィジョン関係は、その意味で多重関係、並行関係であると思ってください。

次に四つの文脈的要素、スーパーヴァイザー（SVor）、スーパーヴァイジー（SVee）、機関・組織、クライエントについて、簡単に説明します。

2　スーパーヴァイザーとスーパーヴァイジーの文脈的要素

スーパーヴァイザーとスーパーヴァイジーの文脈的要素としては、まず指導の場における各人の特性があります。スーパーヴァイザーには専門領域における経験、指導の場における役割、文化的背景、自己表現の特徴等があるでしょうし、スーパーヴァイジーにはカウンセリング経験、理論的背景、学習意欲、スタイル、文化的背景等があるでしょう。

次に、スーパーヴィジョンは特定の機関・組織のクライエントのために行われますので、そこで対象となる人々、管理体制、風土、専門職の倫理・基準等が文脈的要素になります。たとえば今日出席の皆さんであれば家庭裁判所のさまざまな人々、裁判官、主任家裁調査官、同僚、書記官、事務官等との役割関係と制度の中で指導が行われていくことになります。また、スーパーヴァイジーの最も重要な文脈的要素は、カウンセリングをしているクライエントです。後で詳しく述べますが、クライエントの主訴とアセスメント、特徴、カウンセリング関係等がその要素です。

以上をまとめますと、スーパーヴィジョンの中核には関係があり、その関係はスーパーヴィジョンの契約、段階、構造といった準備のプロセスを含んでいます。そしてその関係性には、スーパーヴァイザー（先輩）とスーパーヴァイジー（後輩）の特性、スーパーヴィジョンが行われる機関・組織、そしてクライエントという文脈的要素がかかわって、スーパーヴィジョンの課題と機能が遂行されていくことになります。

3　スーパーヴィジョンの課題と機能

スーパーヴィジョンの課題と機能については、今日のテーマとして改めて詳しく見ていきますが、前提となる概要について述べておきたいと思います。

スーパーヴィジョンにおいて、スーパーヴァイジーは、何を指導され、どういう技法を習得していかなければならないかという課題を持っており、スーパーヴァイザーは、スーパーヴァイジーの課題に対して、指導者としての機能を果たさなければなりません。

ホロウェイは、スーパーヴィジョンの課題は、①カウンセリング・スキル、②ケースの概念化、③専門的役割、④情緒的気づき、⑤自己評価の五つだと言っています。

これらの課題に対してスーパーヴァイザーが発揮する機能は、①モニターと評価（スーパーヴァイジーが行っていることを見聞し評価する）、②助言／指導（スーパーヴァイジーが行っていることに対して助言したり指導したりする）、③モデリング（スーパーヴァイザーの行為を実際に見せる）、④相談（スーパーヴァイジーが学びたいと希望していることについて助言しスーパーヴァイジーが得たいと思っている情報を伝える）、⑤支持／分かち合い（スーパーヴァイジーの心理的ニーズに応えて、支持したり分かち合ったりする）があります。

先ほど皆さんにふり返っていただいた「最悪の指導」というのは、このスーパーヴィジョンの課題に対して、機能が適合していないときに生じていたと考えることができるのではないかと思います。

そうした不適合が生じないようにするためには、スーパーヴァイザーは、スーパーヴィジョンの課題に対して今自分がどのような機能を果たしているかということを意識している必要があります。たとえば、スーパーヴァイジーが自分の情緒がどうなっているかをふり返って気づくことができると、その後のクライエントとのやり取りがより良い方向にいくだろうと考えられたとすれば、スーパーヴァイジーの情緒的気づきを促すために、支持／分かち合いをするのが有効なのか、モデリングをするのが有効なのかを考え、選択して適切な機能を果たす必要があります。

そうした検討を的確に行うための目安として、ホロウェイはスーパーヴィジョンの課題の五項目（①カウンセリング・スキル、②ケースの概念化、③専門的役割、④情緒的気づき、⑤自己評価）を提示し、上記のスーパーヴィジョンの機能の五項目（①モニターと評価、②助言／指導、③モデリング、④相談、⑤支持／分かち合い）と組み合わせて「二五のマトリックス」を作成しています。「二五のマトリックス」の詳細は、末尾の参考文献にあります私の著書『増補改訂 心理臨床スーパーヴィジョン──学派を超えた統合モデル』に掲載されています。スーパーヴァイザーは、「二五のマトリックス」のどこに焦点化し、自分が何をしているのかを意識化できると、指導がスーパーヴァイジーのニーズに合ったものになるのではないかということです。スーパーヴァイジーのニーズとスーパーヴァイザーが果たす機能が適合していないときに、スーパーヴァイザーとスーパーヴァイジーとの間でずれが起こると考えられます。

今どのような指導が必要かということは、クライエントと同じようにまずその人に聞かないとわかりません。皆さんは裁判所において、自分の位置付けあるいは自分の機能をもってほかの人たちとかかわっていますので、ある種の契約が成り立っているかもしれません。しかし、スーパーヴィジョン関係が成立するためにはそれだけでは不十分です。その人が今日、どのような指導を受けたいのかということをきちんと聞く必要があります。極端な言い方ですが、その人が指導を受ける必要がないと思っているのにこちらが指導をしようとするならば、こちらがどのようなニーズがあるのかを伝えて、相手がそのニーズについて了解しなければなりません。これが先ほど述べた契約の意味であり、文脈的な位置付けによる先輩後輩というかかわりとしての契約のほかに、今ここであなたと何をするかという契約が必要だということです。

たとえば私の研究所には、スーパーヴィジョンだけを外部から受けに来る人がいますが、その方たちには研究所でスーパーヴィジョンを行う資格を持っているスタッフであることを伝え、最初は料金が生じない契約面接をして、その人がしてほしいこと、こちらができることをお互いに紹介し合い、スーパーヴィジョンを受けるか否か、引き受ける場合は何をねらいとするか、時間や期間はどうするかを話し合い、全体の方針を契約した上でスーパーヴィジョンを実施することになります。また、研究所に所属する臨床科生という家族療法の訓練を受ける初心者の人たちに対しては、すべてライヴ・スーパーヴィジョンを行うというのが契約です。

さらにどのスーパーヴィジョンにおいてもスーパーヴァイジーは、そのセッションでどんなことについてスーパーヴィジョンを受けたいのか、決めてくることにしています。スーパーヴァイジーが自分でテーマを決めるということは、自分でふり返りをし、自分の課題とニーズが自分なりにわかっていることになります。

ただしスーパーヴァイジーが準備したテーマだけがスーパーヴィジョンの課題であるとは限りません。指導する側には別の課題が見えることもあるでしょう。まずはスーパーヴァイジーの課題を中心にスーパーヴィジョンを行います。なぜならば、その人が課題だと思っていることは、その人が今一番困っていたり相談したいと思っていたりすることだからです。

特に初心者は、自分の課題がわからないので、漠然とした課題を述べたり「今日は全然うまくいかなかった」などと訴えたりすることがあります。このようなときは、スーパーヴァイザーがスーパーヴァイジーに対して適切な質問をして、スーパーヴィジョンの課題の焦点を絞っていくことです。その結果気づいてほしいこと、学んでほしいことなども明らかになって、スーパーヴァイザーの課題と重なることもあるでしょう。

仮に指導を受ける側の課題がスーパーヴァイザーのテーマと異なっているときでも、まず相手のテーマについてスーパーヴィジョンを行い、最後にスーパーヴァイザーの考える課題を伝えていくことです。スーパーヴァイザーとしてこれだけはどうしても話し合っておいた方が良いと思うことがある場合は、最後に「これだけは変えた方が良いだろう」「この点はとても気になる」「これを基本に学びを進めてほしい」と伝えていくと、スーパーヴァイジー自身が気づかなかった新たな学習の視点が開かれるでしょう。その際こちらがなぜそのことに気づいたのか、気になったのかということについて、こちらの思いを率直に伝えることが大切です。またスーパーヴァイジーは、そのときは言われたことが腑に落ちなくても、ずっと後になってその意味がわかることがありますので、そのような気づきにつながる伝え方をしておきたいと思います。

つまり指導者は、指導関係あるいはスーパーヴィジョン関係を持つときに、人は違っていて当たり前であり、それぞれの人が気になることも違えば指導したいところも違うという関係の中で、スーパーヴァイジーの課題を自分なりに把握しその人の成長につながる指導をしていくことを念頭に「二五のマトリックス」の中のどの課題にどのような機能を活用してアプローチするかを意識化し、かつスーパーヴァイジーもそれを意識化できるようにかかわっていくことが重要です。

二　スーパーヴィジョンの課題

ここまでホロウェイのＳＡＳモデルを基にスーパーヴィジョンの全般的な内容をお話ししまし

た。ここからは、スーパーヴィジョンにおける課題について詳しく話していきます。

スーパーヴィジョンにおいてスーパーヴァイジーの課題を取り上げるためには、スーパーヴィジョン関係の確立と解決する課題の明確化が必要です。そしてそれは、カウンセリング関係の確立とクライエントの主訴の明確化との並行プロセスでもあります。

こうしたことから、取り上げるスーパーヴィジョンの課題としては、1「カウンセリング関係の確立」、2「カウンセリング・スキル」、3「ケースの概念化・見立て」、4「専門職の役割取得」、5「情緒的気づき」、6「自己評価」の六つが挙げられます。

1　カウンセリング関係の確立

課題1　カウンセリング関係の確立

①人権・個性の尊重
②共感性
③温かさ／ユーモア
④ありのまま（genuineness）
⑤時間配分

★「最悪の指導」においては、①～⑤のどれが欠けていたか。
★調査官の調査に必要なほかの要素はあるか。
★ＳＶｅｅの発達段階に応じた言葉かけができているか。

カウンセリング関係の確立というのは、クライエントとカウンセラーの関係、つまりカウンセリング関係が確立しているかどうかという中核的な課題です。家裁調査官と被調査者の関係の確立です。

具体的には、上記の「カウンセリング関係の確立」の中に挙げた①から⑤の課題を検討することになります。

①人権・個性の尊重は、スーパーヴァイジーがクライエントの人権や個性を尊重したやり取りをしているかということです。

②共感性は、スーパーヴァイジーにクライエントにかかわるときの共感性があるかどうかということです。相手の立場に立って見聴きしつつ、自分の立場は揺らいでいないというのが共感といえますから、相手の立場にじっくり立つと同時にそこに巻き込まれず、同情まではしていないということが課題になります。

③温かさ／ユーモアは、スーパーヴァイジーが相手が困っていること訴えたいことを人間として受けとめて、ときにはユーモアを持ってリラックスさせたり和ませたりすることができると良いということです。

④ありのまま（genuineness）は、カウンセラーに余計な防衛がなくて、その人らしくいること、余り頓着しないことです。ロジャーズは、自分がありのままでいて、それを相手に伝えることに防衛がないことが最も重要だと言いました。相手と親しくなる必要はないのですが、「私はこのような人間としてこのように生きています」ということが相手に伝わるような人間性がに

じみ出るようなありようです。たとえば「あなたの言い方はすごく怖い」と言われた場合、「そんなことはない」と言い返すのではなく、「そうか。怖いんだ……こういう言い方をするのが癖でついしてしまうんだよね。ごめんね」と伝えることでしょうか。

⑤時間配分はカウンセラーはプロフェッショナルな立場でクライエントにかかわりますので、かかわる時間の配分についても考慮する必要があるということです。

これらの視点は、スーパーヴァイザーとスーパーヴァイジーの関係にも当てはまります。

ここで課題1の★の部分をご覧いただき、次の三つのことを考えていただきたいと思います。一つ目は、自分が受けた最悪の指導において、①から⑤のどれが不足していたかを考えてください。二つ目は、家裁調査官の調査における被調査者との関係確立に必要な要素として、①から⑤以外の要素があるかどうかを考えてください。三つ目は、自分が以前指導的立場になったときに、相手の発達段階に応じた指導ができていたか、ともかく伝えようとして相手構わずに指導していなかったかといったことを考えてください。

専門職の発達段階については、スコボールトとローネスタッド（Skovholt & Ronnestad, 1992）が示しているものが参考になると思います。先ほど紹介しました私の著書『増補改訂 心理臨床スーパーヴィジョン―学派を超えた統合モデル』でも紹介していますので、詳しくはそちらをご覧ください。

スコボールトらは、心理臨床家の発達段階を初歩の段階から順に、①習慣的行動期、②専門訓練への移行期、③熟達者の模倣期、④暫定的自律期、⑤探索期、⑥統合期、⑦個体化期、⑧完成期の八つの段階に分けており、スーパーヴァイジーの発達段階に応じたスーパーヴィジョンが大切だと指摘しています。

皆さんが指導する対象は、四段階目から五段階目に当たる人たちが多いのではないかと思います。つまり四段階目は家裁調査官として、一人で仕事を始める時期なので専門家として機能し始めていますが、その人の感情は自信がなく非常に不安定です。さまざまな支援観を持っていて、自分のスタイルをどのようにするかという課題を抱えています。そして概念的思考や技法を習得して、洗練させようと考えていて、いろいろなことを一生懸命内省し、修正し、身に付けたいと思っている段階です。

次の五段階目は、仕事を始めて二年から五年くらいたった人たちです。その人たちはいろいろなものをとにかく吸収しなければと思う段階が終わり、自分が知っていることを超えて学ぶべきことを学ぼうと思っています。多少自信が出てきてはいますがまだ十分とはいえず、不安も持っています。そして新たなデータやさまざまな資源に関心を持ち、それらを吸収しようとしたり、専門家としてのスタイルを身に付けようとしたりします。すでに学んできたことから自分には必要ではないと思うことを捨てたりもしながら自分のことをふり返って、より現実的で内面化された基準に従って自分なりの実践を始めようとしている段階です。

専門家はそのような段階を踏んで成長するということを理解した上で、指導を受ける人がどの段階にいるかを判断し、その段階に応じた指導をしていただくと良いと思います。

2　カウンセリング・スキル（全般的）

課題2　カウンセリング・スキル（全般的）

①コミュニケーション能力
②アセスメント能力
③見立ての伝達能力
④カウンセリング（介入）能力
特定のクライエントへのかかわり方、個別ケースに即した介入（質問、診断、強化、変化の促進、対決等）の技法取得

★家裁調査官に共通して必要なカウンセリング能力（技法）とはどのようなものか。
「今、よく使っている効果のある技法は？」

カウンセリング・スキルにはさまざまありますが、全般的に共通するスキルを整理しますと、①から④までの能力になるのではないかと思います。④のカウンセリング（介入）能力に関しては、カウンセリングの場合、治療、修正、生き方の変化といったことをねらいとしますので、特定のクライエントへのかかわり方、個別ケースに即した質問の仕方、診断、強化、変化の促進、対決等のさまざまな技法を習得することが必要になります。

家裁調査官の皆さんは、調査したことをきちんと報告書にまとめることが求められますので、家

裁調査官に必要な技法や能力としては、次にお話しする「ケースの概念化・見立て」にかかわる内容が重要になるのではないかと思います。また調査というのは報告書を作成するに当たってのさまざまな試みの過程であると同時に、調査の過程の中で相手が変化していく可能性があり、かつ変化していくことを助けた方が良いという側面があるのではないかと思います。そのため、家裁調査官に必要な技法や能力としては、すでにお話ししました「カウンセリング・スキル」とこれからお話しする「ケースの概念化・見立て」の両方にまたがる内容になるのではないかと思います。

スーパーヴィジョンの課題として「カウンセリング・スキル」と「ケースの概念化・見立て」を分けて取り上げていますが、これからお話しするとおり、「カウンセリング・スキル」と「ケースの概念化・見立て」は、本来は分けられるものではありません。

3　ケースの概念化・見立て

課題3　ケースの概念化・見立て（アセスメントの視点からのケースの理解能力）

①主訴（クライエントの問題としていること）の理解
②クライエント理解（性格・心理的能力・障害・病理・自己実現の志向性等）
③クライエントの家族関係の理解（生育歴）
④出来事・状況等、環境理解
⑤継続的見立て（支援の仮説・目標設定）

⑥適用する支援理論・技法の構成力と適切性の判断
⑦自分とクライエントとの相互作用の理解─実践中の出来事の説明能力の取得
★「調査報告書」に必要な事項がほかにあるか。

カウンセリングでは、ケースの概念化、見立てをしながらもカウンセリングが進んでいると考えられますので両者は分けられないのですが、この点は家裁調査官である皆さんと私たちカウンセラーの違いということでお話しするとわかりやすくなると思います。

カウンセラーは、変化しなければならない、変化したいと訴えている相手に対してカウンセリングを行うので、カウンセリング・スキルは課題の中核に置かれます。

一方、皆さんは、調査したことを報告書に的確にまとめることが求められますので、ケースの概念化・見立てが仕事の中核的なものになるのではないかと思います。

このように家裁調査官とカウンセラーとでは、カウンセリング・スキルとケースの概念化・見立てに対する重点の置き方が違うことになります。別の言い方をすると、カウンセラーはケースの概念化が苦手です。初歩のカウンセラーは、自分がどのようなカウンセリング・スキルを使用したかということはわかるのですが、「あなたは何のためにその技法を使用したの?」「クライエントはどのような人で、どう変わったの?」と聞くと、的確に答えられないことが多いのです。

たとえば、「共感」という技法を活用するとしたら、それなりの理由や目的があってその技法を使うわけです。支援する人が共感するということは、支援される人が自分をより確実に表現できるようになり、その結果、自分の思いを一層自覚でき、わかるようになることです。ときには、それまでわかってもらえなかった思いをカウンセラーにはわかってもらえたという経験によって自分を取り戻し、変化につながっていくこともあります。ところが、クライエントにとってどんなところで、どのように自己開示ができていないか、自己開示による自己理解や自己受容がどれほど必要かを概念化できていないカウンセラーは、共感という技法の必要性や重要性をタイムリーに活用できません。家裁調査官の皆さんは、報告書を作成することが求められますから、クライエントの言動、性格傾向、問題とのかかわり方等について、概念化ができていると思います。

「ケースの概念化・見立て」の中で挙げた①から⑦の項目は、皆さんのアセスメントあるいは調査の内容と重なる点が多いと思います。おそらく皆さんは、①主訴の理解から⑤継続的見立て（支援の仮説・目標設定）までのことをさまざまな観点から把握して、被調査者の外的な環境と内的世界を理解しているのだと思います。そして、自分の見立てとして、⑥適用する支援理論・技法の構成力と適切性の判断を報告書に記載し、裁判官に提示しているのだと思います。

そして、被調査者のことを調べたり、聞いたり、理解したりする過程で、その人の変化も促しているのだと思います。つまり、あるアセスメントをすれば、次の質問が出てきます。適切な質問を出すと、相手は自分を語り自己理解が進みます。そうした意味では、適切な質問をすることは、アドバイスをすることと同じほどの意味があります。「カウンセリング・スキル」と「ケースの概念化・見立て」は相互につながっていることが理解できると思います。

ただし、スーパーヴィジョンや指導を行うときは、指導を受ける側がした質問がアセスメントやケースの概念化とつながったかに見える場合でも、クライエントにとっては質問されたことに答えただけで、自己理解や支援にならない場合があります。その意味で、スーパーヴィジョンでは質問の持つさまざまな効果と意味を自覚するよう指導することも大切です。

4　専門職の役割取得

課題4　専門職の役割取得
①外的リソースの活用（クライエントのエンパワー・連携）
②専門職の倫理・基準の遵守
③機関のルールに沿った専門的役割関係の確立
④自己研鑽《けんさん》─研修・指導を受けるなど

「専門職の役割取得」とは、専門家が面接以外にその役割をどのくらい発揮しているかということです。

まず、外的リソースをどのくらい活用できているかということがあります。つまりカウンセラーも家裁調査官も、その人一人で仕事をしているわけではありません。人は自分も含めてさまざまなリソースを活用して生きていますが、リソースが少ない人とたくさんある人がいます。また、リソースは少ないけれどもそれを上手く活用できる人もいれば、リソースはたくさんありながら活用できていない人もいます。本人のリソースだけでなく外的資源を活用できるように、実際に連携できる外的リソースに目を開き、必要なときに活用するのが専門家の役割の不可欠な部分です。

次に、専門職としての倫理や基準を守ることがあります。倫理や基準には、家裁調査官としてのものもありますし裁判所としてのものもあります。さらに、私たちは法律がある社会で生きていますので、その法律を守らなければなりません。とりわけ専門職の倫理や基準、仕事に関係する法律は、一般の人が判断することができない専門領域にかかわるものとして、専門職が自律的に規制したものでもあります。そして、その倫理基準はすべての出来事やケースにうまく当てはまるということはありません。事例にたくさん当たり、その事例に即した倫理的行動について一つ一つ積み重ねて学んでいくことを勧めます。

さらに今話したことと重なりますが、機関のルールに沿った専門的役割関係が確立されているかどうかということです。機関の中では、上司と部下、セクションごとの役割の違いと連携、記録の書き方・残し方等独自のルールとかかわり方が決まっています。そうした機関のルールを学び、実行する必要があるということです。

そして最後に、自己研鑽《けんさん》を怠らないことです。これが皆さんたちのこれからの課題であり、この研修の課題でもあると思います。また、後輩の自己研鑽《けんさん》にどのくらいかかわっていくことができるかということでもあると思います。

5　情緒的気づき

課題5　情緒的気づき（内的・対人的）
①専門職自身の感情
②クライエントの感情
③関係性で生じる感情
★「省察力（reflectivity）」の向上に不可欠

これまでにお話ししたことは、どちらかというと知的作業です。これからお話しする「情緒的気づき」「自己評価」には、情緒的作業が含まれます。これらは技法を向上させ専門職として成長するために非常に重要なものです。

情緒的気づきは、専門職自身がどのような感情を持ち、どのように感情をコントロールし活用しているかということです。コントロールするとは、抑えるという意味ではなく、感情を上手に出し入れするという意味です。感情は豊かに持った方が良く、それを適切に表現し、活用するというのが感情のコントロールです。感情のコントロールのためには、感情がどのように自分の中で感じられているかがわかることと、自分の感情としてどのように言葉で表現できるかということが非常に重要になります。

たとえば、専門職として対応に苦労する感情に怒りがあります。怒りは誰もが持つ当たり前の感情なのですが、持ってはならない悪い感情だと思いがちです。怒りというのは脅威に対して持つ感情で、何かに脅かされているときに危険を知らせてくれる感情です。換言すると、怒りを感じたときは自分が困っていることや危機だと感じていることを知らせ、防衛態勢に入っていることを意味します。実はとても重要な感情なのです。

怒りは脅威に対する感情なので、それに対して私たちは大きく二つの方向の言動をとります。一つは、その脅威の場から逃げたくなるため、逃げる方向の行動を起こす可能性があります。脅威がそれ以上来ないように黙るとか、退くなどです。

もう一つの表れ方としては、そのような感情を起こす相手や出来事をなくそう、やっつけようとする言動です。怒りの感情は、逃げるか攻撃するかという言動になって表現される傾向がありますので、自分にとっても相手にとっても、その表現の意味を理解することが重要です。とりわけ危機場面で怒りが攻撃となって表現されると、その攻撃に脅威を感じた相手も攻撃で返すという葛藤を起こし、行動化してしまうことになります。怒りの感情はマイルドなとき、たとえば「困っている」とか「不快である」ときに、そのように表現し、「やめてほしい」気持ちを伝えることが重要です。

6　自己評価

課題6　自己評価
①自己能力の限界
②自己のカウンセリングの効果
③クライエントの変化・進歩

最後の項目、自己評価についても同じようなことが言えます。自分の能力には限界がありますから、自分の弱さと強さをよくわかっていること、つまり良い面も悪い面もどちらも公平に評価できる必要があります。そして、クライエントの変化や進歩についてもできる限り公平に評価し、言語化できるようになっていることが大切です。

カウンセリング・スキルの向上と今述べた情緒的気づき、ふり返る力は、密接につながっています。スキル向上のタイミングは、困ったときが最良です。私たちは、傷ついたり、困ったり、苦労したときに、reflection（省察）を行っています。情緒的気づきや自己評価を必要とする人は、混乱したり、闘ったりしていますので、その混乱を reflect し、整理を手伝ってくれる人がいることが大切です。

三　スーパーヴァイザーの役割・機能

あるスーパーヴィジョンの専門書には、スーパーヴァイザーの役割として、指導的役割、カウンセリング的役割、コンサルタント的役割の三つがあると書かれています。

指導的役割というのは、学習や訓練の方向を指し示す先生のような役割と言ってもいいかもしれません。ただスーパーヴィジョンにはそれだけでなく、カウンセラーやコンサルタントの役割もあることが重要な視点でしょう。ホロウェイは、スーパーヴァイザーには以下の五つの役割・機能があると整理しています。

スーパーヴァイザーの役割・機能（実践指導者として）

1　モニターと評価

・SVeeの仕事を見極め、基準に従った正式の評価をする（評価の基準は、その仕事の専門性、トレーニング・プログラム、SVeeのニーズに合わせて決められる）

2　助言／指導

・プロとしての知識・技法を基盤として、情報、意見、示唆を与える。

3　モデリング（異質同型性）

・エキスパートとしての言動のモデル（指導の仕方、役割の遂行）

4　相談（コンサルテーション）

・情報、意見、アドバイスを求められたとき、提供し、問題解決を促進する。

5　支持／分かち合い

・共感的関心、励まし、建設的な直面化（トレーニング中の言動、情緒、態度等に対して指導者の深い認知を伝える＝トレーニングにとって重要で、尊敬・信頼できる指導者となる）

・SVeeの「省察力」促進の基礎

五つの役割機能の中で、「1　モニターと評価」「2　助言／指導」のあたりが指導的役割に当たります。

次にコンサルタント的役割は、「4　相談」が該当します。相談とは、相手がアドバイスを求めてきたときはきちんと助言しましょう、情報を与えましょうということで、助言と情報提供が主な内容です。

カウンセラー的役割は、「3　モデリング」「5　支持／分かち合い」が該当します。これらはスーパーヴァイジーの省察力を高めるために重要な機能です。

それぞれの役割・機能の内容については詳しく述べませんが、スーパーヴィジョンの課題と重ねて読んでいただくと、日頃の仕事や指導と重なって整理されてくるのではないでしょうか。

四　日常的な相互研鑽の実践に向けて

日常的な相互研鑽の実践に向けて

・ＳＶｏｒは「ＳＶプロセスのマトリックス」を参考にして、どの課題をどの機能で訓練するかを判断する。

・面接課題のチェックリスト（ＳＶｅｅ用）を作成する。指導の度に両者（ＳＶｅｅ，ＳＶｏｒ）が記入し、分かち合い、両者で進歩を見届ける。

・チェックリストの改訂をする。

・時間が許せば、ライヴ・スーパーヴィジョンを行う。

★ほかに思いつく方法はありますか？

スーパーヴィジョンの課題と機能について「二五のマトリックス」を紹介し、そのマトリックスを皆さんが行う面接技法向上のための指導にどうつなげるかということをお話ししてきました。「日常的な相互研鑽に向けて」に挙げた内容は、皆さんへの宿題です。

一つ目の宿題は「二五のマトリックス」を参考にして、スーパーヴィジョンの課題のどれに対してどの機能で訓練をするかを判断する力をつけてくださいということです。

二つ目は、面接課題のチェックリストを作成することです。私は初心者のカウンセリングのスーパーヴィジョンをするとき、先ほどスーパーヴィジョンの課題としてお話しした六項目（1カウンセリング関係の確立、2カウンセリング・スキル、3ケースの概念化・見立て、4専門職の役割取得、5情緒的気づき、6自己評価）について、各項目の中の課題の細目をチェックリストにして、それぞれについて段階で評価するようにしています。

その際、指導する側である私がチェックするだけではなく、指導を受ける側も自分でチェックします。そして、二人で結果を見せ合い、課題の中のどこができてどこができなかったのかを話し合います。そうすると、課題の達成について、指導を受ける側から見るとどうなのか、指導する側から見るとどうなのかがわかります。これを繰り返していくと、両者の評価が次第に一致してきます。継続的なスーパーヴィジョンをされるときは、チェックリストを使うことをお勧めします。毎回同じチェックリストを使用するのもいいでしょうし、その都度、改定していくのもいいでしょう。スーパーヴィジョンの機能については、その機能が果たせたかどうかは指導をする側が自分で考えるしかありませんが、スーパーヴィジョンの課題については、このように共に検討することができます。

三つ目は、時間が許せばライヴ・スーパーヴィジョンをしていただきたいということです。ワンウェイミラーや有線テレビ画面で調査場面を見て、直後に話し合いをするということですが、そのようなことができると良いと思います。

ほかにも皆さんが思いつかれた方法があれば、行っていただきたいと思います。

最後に可能なら、自分たちの体験をグループでディスカッションする時間を是非取ってください。ケースカンファレンスといった正式なものでなくて構いませんので、最近何が嫌なのかとか、発見したことで良かったことは何かといったことをグループで分かち合い、皆さんたちの知恵を集めると、面接技法向上のための答えがどんどん出てくる可能性があると思います。

おわりに

「面接技法向上のために」ということでお話ししてきました。スーパーヴィジョンは、指導する側と指導される側で一緒に方向性を探していくことではあるのですが、指導される側を評価したり、ある目的に向かって進んだりする責任は、指導する側にあるのだと思っていただきたいと思います。スーパーヴィジョンに関する主な参考文献を挙げますので、そちらもお読みください。

文献

Hawkins, P. & Shohet, R.（2007）Supervision in the Helping Professions（3rd ed.）Open University Press.（国重・バーナード・奥村訳（二〇一二）『心理援助職のためのスーパーヴィジョン』北大路書房）
平木典子（二〇一七）『増補改訂 心理臨床スーパーヴィジョン―学派を超えた統合モデル』金剛出版
岩壁茂編（二〇一五）『カウンセリングテクニック入門―プロカウンセラーの技法30』臨床心理学

増刊第七号
Neufeldt, S. A.（2007）Supervision Strategies for the First Practicum（3rd ed.）American Counseling Association.
Skovholt, T. M. & Ronnestad, M .H.（1992）The Evolving Professional Self : Stages and Themes in Therapist and Counselor Development. Wiley.
Watkins, C. E. Jr. & Milne, D. I.（Ed.）（2014）The Wiley International Handbook of Clinical Supervision. Wiley.

三　面接技法向上のための研鑽《けんさん》の在り方

――ロールプレイの基本とファシリテーターの心得――

はじめに

今日お話しすることはまず導入として、面接技法における「理解」についてです。次にロールプレイという技法を使った研修がどのようなものであるかということ、そしてその研修を皆さんがそれぞれの職場で実行されるときに参考になるような研修訓練の進め方についてお話しし、最後に特にファシリテーターの役割と留意点についてお伝えしたいと思います。

一　アセスメント（クライエント理解）の構成要素――臨床実践では

最初に、カウンセリングと家庭裁判所調査官（以下「調査官」という）の行う調査面接で重なっているところと違うところをお話しします。面接には、カウンセリングの場合、アセスメントと介入の二つがあると言われています。この二つは、この順序で進むというわけではなくて、心理療法の面接にアセスメントと介入が巧みに統合されて面接が進んでいくことになります。調査官はかなりアセスメントに重きを置いた面接をしておられ、その結果作成したレポートが審判の方向性にかなり大きな影響を与えることから、ここではアセスメントだけを少し特徴的に取り出して考えてみます。

アセスメントの構成要素を挙げてみますと、①臨床像の観察、②客観的事実の把握、③問題の内容、④調査官の主観的な体験、⑤見立て（仮説、自己の理論的オリエンテーションに基づいた①から④で得られる情報の意味づけ、統合）となります。

具体的に申しますと、①は身体的、情緒的、行動的な表現を含めた、今ここで知覚された事柄の客観的な描写、つまり臨床像の観察による要素で、②はジェノグラムに書かれるような事実とか、この人がどこで生まれて、どんな親子の関係があって、どんなところで、どのように成育したかというようなことと、もし心理テストをしている場合はその結果です。③はカウンセリングの場合は主訴といい、調査官の場合は、訴えとか問題とかというようなことだと思いますが、アセスメントの一つの内容になります。つまりクライエントは何を訴え、クライエントは何をしてもらえると思い、クライエントはどんな意味づけを自分の問題や主訴にしているかということです。クライエントが問題にしていることと私たちカウンセラーや調査官が問題にしたいと思っていることは微妙に違うこともあると思いますし、大きく違うこともあると思います。しかしながら、問題の内容としてアセスメントするときの重要なポイントは、相手が何をどのように問題にしているかということをまず相手の立場からきちんと把握することです。

そして④は、そのアセスメントのプロセスの中でセラピストがどんな主観的な体験をするかということです。つまり、何を思い何が問題だと考え、何をより深く調べていくか、わかっていくか、それらは厳密に言えば、実はクライエントが語っていることをセラピストが主観的に体験していることで、それはさまざまな調査の結果も含めて、相互のやり取りのプロセスの中から出てくることでもあります。別の言い方をすると、主訴とか問題は調査官に影響し、調査官が語るさまざまな言葉は相手に影響しながらアセスメントが進んでいくということになります。これは後で少し詳しくお話しします。

以上の四つのことが統合されるときに、臨床で言えば⑤の見立て、仮説とも言えるものになります。皆さんの場合は、調査の報告書の中身であり、自己の理論的オリエンテーションに基づいてアセスメントが統合された問題解決の見通しということになりましょう。

二　面接によるアセスメントの特徴（より公平な査定のために）

1　相互作用の中でのアセスメントであること――応答性の確立と変化の必然性

必要な変化が生まれるための応答とは

次のテーマは．このような言語的または非言語的なデータなどを含んだアセスメントの要素を取り上げていく上で、より公平な面接をするには何が重要かということです。

まず一つめは、相互作用の中でのアセスメントであることとです。すでに前節でもお話ししましたけれども、相互作用の中で影響を与え合いながら行うアセスメントなので、応答性の確立と変化の必然性を覚悟することとです。つまり、臨床の世界ではクライエントであり、調査官の被面接者たちについてもクライエントと言わせていただくと、クライエントとのやり取りはよりその人を支援できるようなスムーズな方向で行われていくことが大切で、クライエントが自由に話せないとか防衛的になってしまうことのないようにすることとです。応答性が相互に確立していることが大切です。もちろんクライエントが躊躇したり困ったりして、こちらも迷ったり困ったりすることがあるわけですが、その中でも応答性が確立していれば、それらが隠されることなく出てくるでしょう。

もう一つはあえて言うならば、皆さんがクライエントに会い始めたときから、互いに変化は起こっているわけなので、変化というのは必然なのだと思っていただくことです。必然というか不可避というか、会った瞬間から変化は始まっているのですが、その変化がどの方向に向かっているかはこちらの応答性により決まっていくでしょう。クライエントにとって今の状態がより悪くなるような変化ではなくて、良くなるような変化、それは調査官も望んでいることと思いますが、その必要な変化が生まれるための応答が成立していくことです。

くり返しになりますが、アセスメントをするにはまず、安心できる関係が必要です。いわゆる公平さとか、互いに敬意を持って対応できる関係であり、できれば予断と偏見のない関係でしょう。ただ現実は予断と偏見などが入り込む余地は山ほどあり、厳密に言ってしまうと「偏見みたいなものは、ありません」と言える人は誰もいない。自分の文化的なバックグラウンドの中では自分の価値観と自分なりのものの見方があることが当たり前です。調査官の前に現れる人たちは、この調査官はこんな人だなという理解の仕方よりも、裁判所というところはそういう人がいるところなのだと理解してしまうということで立ち位置が違うのです。カウンセリングも同じで、私たちはある問題のために出会っているわけなのですが、二人はその問題という共通の土俵に乗っているようでいて、実は全然そうではないと思った方がいい。つまり相手がこの問題をどう解決したいかということと、カウンセラーがその問題はこう解決したほうがいいというところは違っています。違っているから問題の解決ができるのですが、それが重ならないと解決にならない。二人は違う土俵に乗っていて、その違った土俵からどう同じ土俵に乗れるようにするかというのが関係づくりであり、そのプロセスが重要なのです。互いが相手を信頼できるとか、この人に何かを語ってみようといった変化のプロセスでもあるわけです。

ただ、カウンセリングの場合はどちらかというと助けてもらいたいという人が多いのです。彼らの思いというのは、ここに行けば助けてもらえるだろうという期待があるので、どういうふうに助けてもらいたいかというところでは、調査とはかなり違う可能性もあります。そして調査官と似たような体験をするところでは、妻が「離婚するかどうかわからないけれども、ともかく私たちはうまくいっていませんのでカウンセリングを受けたい」と言ったときなどです。妻は夫を変えてほしいと思っていて、夫が変われば離婚しないかもしれないけれど、夫が変わらなければ離婚するかもしれないといったことを言います。こういうときに私たちは夫は簡単には変わらないだろうと思っていますので、立ち位置はかなり違うわけです。調査官と似ているようなところもあると思います。どう変えたいかとか、どう進むかというところの違いをどううまく重ね合わせていくかということでいうと、裁判所に来る人は助けてくれるところというよりは、裁かれるところといったイメージで来る場合も多いでしょうから、立ち位置の違いは対立的でもあり、そこからの歩み寄りはもっと大変でしょう。そういうことがあって「あなたにとってより良い生き方ができるように助ける」ということをどう伝えるか、「少しでも良い方向に助けるために、あなた自身がなるべくありのままを語ってくれたほうがいい」と伝えることはかなり難しいでしょう。そのためにカウンセリングの中でも動機の低いクライエントと動機の高いクライエントに対してかかわりを変える必要があるように、調査官のコミュニケーション能力や応答性を高め、相手に応じた対応を心掛けることが必要でしょう。

面接によるアセスメントの特徴というのは、一方的にこちらが何かをわかろうとするだけではなく、またデータが揃えばいいというだけでもなくて、やり取りの中でデータの取り方が変わってくるだろうというところが鍵なのだと思います。

アセスメントの過程に含まれる要素

次に重要なことは、アセスメントの過程にどんな作業が含まれているかということです。インテークをする人あるいは調査官は、セラピストと所属機関などに情報を提供しなければならないということがあります。その場面が持つ意味を、面接の最初に説明される必要があります。その点で相手の先入観やこちらを相手が敵視しているか味方視しているかなどへの配慮が必要になります。カウンセリングの場合もクライエントが自発来談のときはむしろ味方になってくれると期待していますが、「お前行って来い」と言われて来談したとき、カウンセラーは敵視されやすいのです。したがってこちらの立ち位置をなるべく正確に伝達する必要があります。どんな役割でこの場で何をしようとしているか、社会的関係がそこに反映されていることをメタの視点で見ながら、なるべく正確に相手に伝えるという作業です。

次に相手から問題に関する情報収集をしなければならないので、相手が何をどのように語るか、情報をどのように把握しているかという、相手のものの見方や考え方を把握しなければなりません。そのために相互交流に必要な関係の確立があるのですが、異なった土俵に乗っている両者が共通の土俵に乗るための作業です。

家庭裁判所では、家族が持っているパラドックスみたいなものに調査官がかかわっていかなくてはならないと思います。たとえば、家族同士は家族だからわかってほしい、家族だからわかっているはずだという思いと、それができていないとか同意されないといった苦悩や問題があります。同時に家族だからそれを言えないで悶々としているという状況もあります。面接ではできれば、そういう葛藤やパラドキシカルな状況を調査官の前で語ることができるようになればいいと思います。迷っているとか混乱しているとか、実はあれもこれもあるといったアンビバレントな気持ちを言えることが重要だと思っています。

その相互理解そのものが変化につながっていくのであり、それが理想でもあります。そこで皆さんが常に考えなければならないことは、家族の苦境であるとか家族の中の不調、あるいは家族が体験している不都合など、苦しみや悲しみ、怒りなどが調査の場で理解され、理解が進んだところで、そこからどう脱出するかということを当事者が考えるようになってくれればいいのです。そのときに調査官がすることは、おそらくカウンセラーと同じだと思いますが、相手の立っている位置や苦境、不都合などについて、しっかり相手の身になって理解すると同時に、通訳する役を負っているのだと思います。そして通訳の重要なポイントは、搾取されてきた痛みや苦しみを正直に言えるようにするために受けとめ返すことです。

そうすると私たちもわかりやすいわけです。不都合や苦境について「苦しいんです」「悲しいんです」「こんなに困っているんです」と言ってくれれば、私たちはすんなり理解することができるのですが、相手は自分の立っている位置についてそのような弱みを示すよりも「怒っています」と言うことがとても多く、困惑や苦しみ、悲しみを体験させられたことへの怒りとか攻撃性、敵意などが表現されやすくなっています。その怒りが内に秘められた悲しみや理不尽さみたいなものとうまくつながれば調査が進むと思います。

通訳とは、クライエントが率直な感情を感じられ、表現できるように導くことであり、その取り扱い、つまり応答性が確立することであり、特にこのプロセスを仲介していくことです。「この子は全然言うことを聞かないで、もうどうしようもないんです。すぐにいなくなるし私の言うことはまったく上の空で聞かないし……」と怒っているお母さんにどう応答するか。そこではコミュニケーション能力が問われます。翻訳された言葉で共有できるようにしてみると、たとえば「お母さんは期待がいつも外れて、さぞかしがっかりでしょう」と受けとめてみることでしょうか。「お母さんが期待していることは全部やってくれないわけですね」とか「お母さんがやってほしいと思っていることを一々無視されるというのではがっくりしますよね」というふうに言うことができるかどうか。通訳とは「がっかりですね」と言ったほうがいいか、「それはさぞかし腹が立つでしょうね」と言ったらいいかという選択なのでしょう。

その辺のところを、夫婦の面接ではどちらで言うと双方がわかり合いやすいか、せめてそう言われてみれば頭にも来ているけれども、がっかりもしているとか、悲しくもあるというふうに思えると心の体制に緩みが出てきます。どちらかというと男性は寂しいとか悲しいとは言いにくいらしく、そんなときにも怒るようですし、女性は怒っているときに泣く傾向があります。「それでは一人ぼっちですね」と伝えてみると「そうですよ！」と怒りながらもその怒りの中に一人ぼっちの気分が入ると、弱々しい気持ちも感じられ、アンビバレンスが見えてくる。そういう翻訳が大切な

クライエント（訴え・主張・怒り・恐れ・敵意・願い）
……理解されたい欲求
セラピスト＝調査官（支援・変化・社会性・関係性）
……変化への欲求
↓
相互に〈気づかせたい・説得したい・引き入れたい〉のやり取りになりがち

図１　立ち位置の違いから起こる悪循環のやり取り

のではないかと思います。

立ち位置の違いからくるよくありがちな悪循環のやり取りを図１に書いてみます。

クライエントが訴えるときは、こうしたいとかこうしてほしい、こうなりたいという主張があって、その中には怒り、恐れ、敵意、願いなどさまざまな気持ちが入っているわけですが、それらすべてを理解してもらいたい欲求を持っていて、ある程度そのまま受け取ることが大切です。しかしセラピストが、怒りを怒りとしてずっと受け取り続けていると、カタルシスによる変化はあってもそれ以外の変化は起こらないかもしれません。クライエントはわかってもらえたと思ったら、少しテンションが下がることもありますが一層強化されるかもしれません。できれば怒りが変化し、あるいは怒りの前に感じていた気持ちにつながることが重要です。助けようとか変化を起こそうとか、もう少し社会的な視点を持ってもらいたいとか、関係の中で生きてもらいたいというこちらの変化への欲求が、相手の怒りと対立すると焦ることになります。焦りがちになることによって、相手は搾取された思いで悲しくなっていて、哀しみを体験させられたことで怒っているとか恨んでいるわけなのですが、表現されている怒りを早く治めたくなると、通訳がうまくいかないということが起こります。

相手がなかなか変化を引き受けたくなさそうだったり、あるいは変化する前に自分の見方に相手を引き込もうとしているとき、変化への動機づけをするためには、CR（コンシャスネス・レイジング）が必要だと言われます。つまり、意識をある程度高める必要があるということです。これをやるとよりよくなれるとか、自分の思いがかなうかもしれないというように意識が高まれば、変化が訪れるわけです。

共感的応答をしながら、次に質問をしていくことが大切です。皆さんが失敗したかなとか、あるいはもうちょっと違うやり方があったんじゃないかというふうに思われる面接のやり取りをふり返ると、応答、つまり翻訳するとか、通訳する応答をした後の質問によって、方向が決まることがわかるでしょう。たとえば「そうか……お母さんはがっかりでしょうね」と応答してから、「子どもにはどうしてもらいたいのでしょうか？」と尋ねてみると、少し土俵が重なり、違った反応が返ってくるかもしれません。

このような土俵づくりをして変化の準備をし、変化を生成していくことがやり取りの要です。調査官が気づく行き詰まりややり取りの悪循環では、相手の表現の一つ奥にある気持ちへの共感と応答があれば、変化のチャンスが得られるかもしれません。その点で相手が思っていることを受け取ってから、具体的な言動に対する質問をすると、通訳しているようなやり取りになるでしょう。

私たちが初回面接をするときは、今述べたようなことが少しでも生まれることを試みます。クライエントの固定化された問題のイメージや感情の幅を広げることです。それが生まれるとカウンセラーは変化に向けて次の面接の契約をすることになります。調査官は一回しか面接ができないときでも、相手のイメージが変わって報告書が書けるかもしれませんし、自分ができたことをもとに未来の展望をある程度相手にも伝えることができるでしょう。未来への希望が持てて変化への意欲が高まるような面接が一回目で生まれればＣＲができたと考えられます。

次に、調査官はたくさんの質問をされると思いますが、それは相手も期待しているという意味で土俵が重なっています。ただ、相手は質問を「尋問」と思い描き、調査官はアセスメントのためというところが異なります。相手の助けになるような質問「よく聞いてくれました」と思うような質問は具体的なものです。

たとえば、私は個人療法をやっていたときと家族療法を始めてからのアセスメントはずいぶん変わりました。学生が母親と犬猿の仲で、パワフルなお母さんにやり込められるのです。多くの場合、お母さんとのやり取りの中でクライエントはお母さんの主張に引き込まれて、自分の動きができなくなるというわけです。あるとき、昨日も同じようなことが起こり、結局自分の話を全然聞いてもらえず、また負けてしまい、自分の部屋に逃げたといったことがありました。個人療法でクライエント中心療法を学んだ人は「そうか、また負けたんだね」とか「お母さんには何も言えなかったんだね」と腹立ちや惨めな思いに共感してその気持ちを深めていきます。私が家族療法をやるようになって変わったのは「敗北感があったようだけど、どんなふうにそれが起こったか教えてほしい」と尋ねるようになったことです。

「あなたは何を言い始めたら、お母さんが何て言ったの」とやり取りの顚末《てんまつ》を詳しく聞くのです。

そうするとクライエントは、プロセス全体を話してくれます。それを聞くと、確かに彼が次第に負けていったプロセスのイメージが描けるし、何よりも大切なのは、彼の対応の様子が具体的にわかることです。そのとき私は、最終的には引き下がっているけれども、途中では頑張っている姿がイメージできました。「あなたは何回もあなたの思いを伝えているんだね」と言うと「言ったけど結局何も聞いてくれてないんです」となるわけですが、「そうかもしれないけれどあなたが何度も自分の思いを伝えていることは大切なので、今後は最後に何と言いたいか、一緒に考えよう」ということになるのです。二階に退散する前に「これを言えばよかった」とそのときは言えなかった思いを少し正直に言ってくれると、こちらは通訳の仕事ができます。相手の失敗感の共有だけでなく、また言動の是正でもなく、相手の言動の真の意図や力のあるところが共有できれば、積極的な動きが生まれる可能性が出てきます。夫婦関係では、特に固定観念による責め合いで関係を悪くしているので、具体的なやり取りを観察したり説明をしてもらうとフィクションが入っていたとしても助けどころが見えてくる可能性が高くなります。自分ができているところが見えなくなっているクライエントには、それを伝えるステップが必要です。

実はこのようなやり取りは、複数の人々がかかわる合同家族療法の場からヒントを得ています。数人の人たちが混乱しているプロセスには、かかわりの悪循環があることがわかります。しかも誰もがいったん悪循環に陥ると、そのやり取りから自ら抜け出ることは難しく、問題だけが大きくなっていくことになります。ときにはカウンセラーもその悪循環に巻き込まれていることがあります。悪循環に巻き込まれることもあり得ると少し腹をくくっていただきながら、コミュニケーションの悪循環という視点からアセスメントをすると、それが問題を「創《つく》って」いることがわかります。悪循環をつくらないように立ち位置の違いを確かめ、狭め、歩み寄ることがアセスメントの要であり、それには人々の言い分の通訳や翻訳の仕事と、それを可能にする「効果的な質問」の仕方があることをお伝えしました。

2　臨床の理論・技法における効果研究から──共通因子の重視

次に、最近の臨床の理論と技法の効果研究の結果から、臨床実践における臨床家のかかわりの変化についてお話しします。

近年臨床心理学の世界では、単一理論のアプローチの限界が明らかになってきて、理論・技法の統合が課題になっています。心理臨床の実践家たちの間では、ある流派の理論・技法は学者のためにあるものであり、その流派を維持し著書を売るためには一つの流派に固執しなければならないかもしれないが、実践家にとっては役立つものを活用することを考えようという方向に向かい始めています。つまり、諸理論の整理・統合が始まっているのです。そのきっかけになったものの一つが心理療法の効果研究のメタ・アナリシスの結果です。

ランバート（Lambert）は、一九八〇年代から九〇年代にかけて行われた心理療法の効果研究を分析しました。その結果、心理療法の理論・技法による効果の差はないということがわかりました。次にわかったことは、どの心理療法の理論にも効果に影響する共通因子が四つあったということです。その四つの因子は、①セラピー外の要素、②セラピストｰクライエント関係、③セラピーの技法、④プラシーボ効果です。

セラピーに最も大きな影響を与えているのは、セラピー外の要素つまりクライエントの持つ資源で、効果全体の四〇％を占めるというのです。クライエントの持つリソースや潜在能力とクライエントの周囲にある資源、たとえば家族やサポートしてくれる人々をクライエントがどれだけリソースとして活用できるかということです。それを有効に活用したことが、効果の中で大きな割合を占めるということです。別の言い方をすると、セラピストにはクライエントが使えていない資源や潜在能力をどう引き出すかということが問われているということです。搾取されたり不都合で理不尽な状況下にいる人々は、自分の資源を眠らせていて、たとえば、悲しみや怒りさえもリソースとして活用できなくなっているので、眠っているリソースを見つけ、活用できるような手伝いをする必要があるということです。

第二は、いわゆる治療関係です。皆さんの場合で言うと、調査面接の場の関係です。ロジャーズが言ったラポールがいかに大切かということが、取り上げられています。セラピストの共感性、受容、支援、ケアといった働きから生まれる同盟的関係の構築です。それが全効果の中の三〇％を占めます。悲しいかなというかなるほどというか、セラピーの技法の効果は一五％という結果です。ただクライエントは「あの技法を使ってくれたから助かった」とはほとんど思ってないそうです。ただ理論によって違いはあり、行動療法などでは、特定の技法が挙げられるでしょう。

最後にもう一つ興味深いのがプラシーボ効果です。プラシーボとは偽薬効果という意味でよく使われますが、たとえば「これはあなたを守ってくれるからいざというときはこれを飲みなさい」と言って小麦粉を与えて、それを持っていることや飲むことで安心するといった例です。心理療法におけるプラシーボ効果とは、「心理療法を受ければ、あるいはあの先生に会えば、大丈夫」とか、「元気になるだろう」といった期待です。それが一五％の効果を果たしているということです。

効果研究はその後もたくさん行われており、効果の割合は多少変わったりしているのですが、このランバートの研究の結果、クライエントの持つリソースをどう掘り起こすかということと、関係をどう作るかということで七〇％を占めるということの重要性がクローズアップされました。詳しくは、ミラー（Miller, S.）やタルモン（Talmon, M.）の本を読んでいただければと思います。タルモンについてはここで一言だけ触れておきますと、『シングル・セッション・セラピー』という本を書いた人で皆さんの参考になると思います。タルモンは、自分が行ったセラピーのフォローアップをしようと考え、中断したケースについて何年分かを弟子たちに電話をかけてフォローしてもらったのです。特に彼の関心は一回で中断したと考えられた面接で失敗として受けとめていたものにありました。どのような理由で失敗したのかということのフォローアップをしようとしたわけです。ところが、自分が失敗だと思っていたケースが失敗ではなく「あれで助かりました」という反応がたくさん返ってきたというのです。もちろん、「何が助けになったのかということを聞いていったのですが、その結果から面接を一回で終了する方法を考え出したのです。彼の本は、そこから、意図して一回で面接を終える試みをすると成立するということが書いてあります。少ない回数の面接で査定をしていく皆さんの仕事の参考になるのではないでしょうか。

その後、心理療法の効果研究は不可欠のものになりました。最近では、エビデンスを基にした介入がない面接法は認められないほどになっています。たとえば、グリーンバーグ（Greenberg, L.）やゴットマン（Gottman, J.）たちは、カップルセラピーに実績を残しているセラピストであり研究者です。グリーンバーグは、「感情焦点化療法」という統合的な心理療法を開発して、感情の変化による行動の変化を、ゴットマンはカップルの関係の崩壊を防ぐ方法を実践して、現在北米では大変人気のあるセラピストたちです。

たとえば、グリーンバーグは、怒りの感情は人間が危機的場面に遭遇したときに起こる感情で、fight or flight（戦うか、逃げるかの対応）の元になるものであり、究極的には人の命を守るための感情だからそれを抑えてはいけないというのです。怒りはきちんと受けとめることが大切であり、その信号によって身を護ることができるのだというのです。また悲しみはかなえられなかった自分の望みに対して感じる感情であり、それを感じて表現したりかなえようとすることが大切だと言います。もし人がかなえられなかった悲しみや望みがあるときに怒ったり、不快感や嫌なことに怒らないで泣いているとすれば、正当な感情を受けとめることを助ける必要があるというのです。皆さんの面接のコミュニケーションの中でも参考になる考え方ではないでしょうか。

また、ゴットマンの考え方は、セリグマン（Seligman, M.）のポジティブ心理学ともつながっているところがあります。私はポジティブ心理学の本を読むと「そう楽観的にはなれないな」と思うのですが、ゴットマンのワークショップに参加した人の話によると、半信半疑で夫婦で参加した結果、相手に対する認知、行動、感情などへの統合的なアプローチによって夫婦が変化したことが不思議なくらいだと言っていました。アプローチの要は、夫婦はけんかをしないことはないし、どんなにけんかしても葛藤が膨らんでも、相手に肯定的な思いや言葉かけをする割合が否定的な言葉かけよりも多いカップルは崩壊することがないとのことです。最終的に相手に好意を持てるようなけんかの終わり方をすればよいということです。

うまくいっているカップルとうまくいってないカップルの違いはどこにあるかというと、うまくいっているカップルは五対一の割合でプラスのことを言っているようです。うまくいってないカップルというのはこれがないのだそうです。

カップルカウンセリングにおけるリフレイムという技法をご存じかもしれませんが、悪くしか見えていないものの裏側を見ると良さがあると言います。たとえば「この人は理屈っぽくて冷たい人だ」と妻に言われて、「なるほど論理的で頭がさえていて、ものすごく冷静な方なのですね。論理的にものを考えなければならないときはちょっと助けになりますか」とリフレイムをうまく活用すると、偏った見方から全体像が変わってくるというのです。特にセリグマンは、弱みや残忍さといったネガティブな側面だけを重視してセラピーをやっていると意味がないと言います。ネガティブな要素は人生にはつきものであり、それはそのまま受け取る必要があるけれども、それだけで人生が成り立っているわけではないことを自分なりに把握する必要もあり、それはセラピストにも必要なことで、センシティブになりましょうということです。

以上、アセスメントに関して参考になることをいくつかお伝えしました。

三　面接技法の適切な活用のための訓練法

1　スーパーヴィジョン・コンサルテーション

面接技法を身につけていくために、どんな訓練法があるか挙げてみると、①記憶による報告、②プロセス・レコード、③テープ、ビデオによる報告、逐語記録、④ライヴ・スーパーヴィジョン、⑤陪席・同席面接インターンとなります。つまり、スーパーヴィジョンとか、コンサルテーションといった技法の訓練があります。

その他にもう一つ重要な訓練法として、体験学習としてのロールプレイというのがあって、初心者訓練とオン・ザ・ジョブ・トレーニング（ＯＪＴ）にはとても有効な訓練法です。

2　体験学習としてのロールプレイ（初心者訓練・ＯＪＴとして）

ロールプレイとは

ロールプレイというのは役割演技と訳されますが、プレイというのはお芝居のこともプレイといいますし、遊ぶと演ずるという両方の意味が入っています。ロールプレイとは、せりふがない役割を演ずることという意味です。役割はイメージすることができるものですが、その役割には各人独特の役割イメージとか役割取得、言動があります。そのイメージとか取得した行動などをいろいろ試してみるというのが、ロールプレイの中身になります。

せりふがない役割を演ずるということには、自発性とか創造性が発揮される可能性があって、特にロールプレイというのは本番ではなくて、そういう役割を演じたり、イメージを確かめる試みができることでさまざまな可能性が広がるということが特徴です。その特徴を生かして訓練に活用するわけです。

訓練法としてのロールプレイ

それを逆から言うと、本番ではない練習なので失敗が許されることがロールプレイの大きなメリットです。本番では失敗を恐れていろいろなことを試してみることができないわけですが、ロールプレイでは本番に近い状況の中で日常はやらないことや新しいことをやってみて、それがどんな結果になるのかということを体験的に学ぶことができます。そのような特徴があるロールプレイが実践的訓練として使われるわけですが、およそ四つの異なる目的で活用されます。

①方法を学ぶ（体験的技術訓練）

体系的に方法を学ぶという目的に使われるもので典型的なやり方が、たとえば新入社員に名刺を出して、どのように人とあいさつするかとか、職場の電話の応答の仕方を教える、子どもにあいさつの仕方を教えるといったものです。

②問題を探る（体験的ケース研究）

ロールプレイを通してケース研究をするというのがこの方法です。私たちはケースについて討議をしていろいろああでもないこうでもないと話したり、考えたり、検討したりします。その検討のときに、ケースの一場面のやり取りをその場で実際やってみることです。それにより問題が見えてくることがあります。ある一つの小さな場面でロールプレイの体験を挟み、ケースについて検討するという利用法です。この方法は五分くらいでもロールプレイがあるとイメージが明確になり、ケース検討が進みます。

③コミュニケーション能力の向上（具体的やり取りによる言語・非言語の活用）

この活用法はとても重要だと思っていて、カウンセリングのトレーニングの中にもよく取り入れます。この活用法では、一定の技法の練習だけではなくコミュニケーションのプロセスで体験することすべてが学習と変化への重要な材料になります。コミュニケーションのやり取りを細かく見るためにロールプレイを使うのです。

④自己理解・他者理解・関係理解（体験的人間関係理解）

抽象的で漠然としていますけれども、ロールプレイの中で心理的な側面を最も強く取り入れた訓練法です。ここではロールプレイによって自分のこと、他者のこと、そして自分と他者の関係がどのようになっているかを体験的に理解しようというわけです。

調査官がロールプレイを活用されるとすれば、③と④の訓練法としてではないかと思います。

ロールプレイを支える理論

ロールプレイという学習法は、四つの理論に支えられています。

①自発性

一つは、先ほどもお話ししたことと重なりますが、せりふがないながらその場で自分が与えられた役割の中で、ある目的を遂行するために動くことで、自分が何をどのように言うかということが自分に任されているということです。自分の自発性によって動きはつくられていきます。対応に窮したときは窮したなりに、その人なりの工夫とか打開策みたいなものが出てくる可能性があるわけです。そのような訓練をたくさんしておくと、現場に出たときも訓練が生きるだろうということです。

②役割

私たちは眠っているとき以外はいつも役割を持って生きています。その役割を私たちはどのように生きているか、どのようにイメージし、どのように取り、どのように変えているか、少し綿密に見ようというわけです。今、私はここで皆さんに講義をするという役割を取っており、皆さんは聞くという役割を取っているわけですが、それぞれの職場に帰られると組織の中の役割も果たされるだろうし、調査官という役割も果たされるだろうし、その時々に対応する相手によって役割が与えられており、また自分でも取っています。人は役割の中で生きているということに改めて気づきます。役割があるから私たちはある枠組の中で動くこともできるし、その枠組にとらわれることもあります。役割をどう取るか、破るか、その枠からちょっと外に出てみるかというところに、私たちの仕事の創造性があるのではないでしょうか。

そして「役割に生きる」のではなくて、「役割を生きる」ことが必要なのではないかと思っています。「役割に生きる」というのは、ある固定された自分の役割イメージの中に自分がはまってしまうことであり、「役割を生きる」というのは、役割とは決まったものではなくて、かなり柔軟になります。相手との関係の中で自分が創造することができるものであり、それを「創り」ながら生きることになります。ということは、ロールプレイとは言っても、ロール、クリエイトがあるのです。役割を「創り」ながら生きるということが私たちの日常に必要なのであり、また役割の観点から自分を見たり相手を見たりすることは、なかなか面白いものです。

③曖昧さ

今述べた二つともかかわりがありますが、私たちの置かれた状況は曖昧なところがたくさんあります。自発性も役割もそうです。もちろんせりふがないロールプレイは曖昧さの中で動くことであり、訓練ではそれをじっくり体験することになります。日常生活にも曖昧さを体験することはたくさんあるのですが、そこではどう体験しているか吟味することなく流れています。しかし、ロールプレイという訓練の中では、そういう曖昧さの中で、何がどんな形で表現されたり、乗り越えられたりするのかを見直すことができます。そのようなチャンスをロールプレイは提供してくれます。

④フィードバック

見直すというところにはフィードバックという作業が入っていて、このフィードバックがあるから、ロールプレイは訓練として成り立っています。ロールプレイを訓練として活用するときは、やりっ放しでなく十分なフィードバックの時間をとる必要があります。間違ったロールプレイの指導の中には、フィードバックに十分な時間をかけないことで学びが半分になったり、かえって害になったりすることがあります。

うまくいったことも、うまくいかなかったこともふり返ることによって学びとなるのであり、とりわけ失敗体験だけで終わったのでは、学びどころか傷つき体験になりかねません。

フィードバックの時間は、ロールプレイをやった時間と同じか、一・五倍とるというのが基本で、そこできちんとフィードバックができるならば、ロールプレイはすべて学びの体験になると同時に、支えられエンパワーされる体験になります。また、曖昧さの中で自発的にいろいろ試みたことの意味が出てきます。

以上のようなことを考えてロールプレイに取り組んでいただければと思います。

四　ロールプレイを活用した研修・訓練のすすめ方

1　失敗や新たな試み（冒険）から学ぶ意味

これまで話したことを異なった形で繰り返すことになりますが、研修訓練の進め方として、どんなことを考えたらいいかという視点から、ロールプレイの意味を考えます。

ロールプレイとは、失敗や新たな試みから学ぶことに意味があります。図2を見てください。これは体験学習の循環過程と呼ばれる図です。私たちは、毎日毎日、何かを体験しながら何かを学んで成長していると考えると、その循環過程はこのようになるのではないかと示してくれた人がいます。「体験する」と書いてありますが、私たちはいろいろ体験しながら生活しているということです。

その体験したことや、やったことを私たちは自分なりに観察したり、ふり返ったりしています。観察的な視点から自分や相手を見直すことをして、あそこがどうだった、ここがこうだったということを確認しています。体験するこ

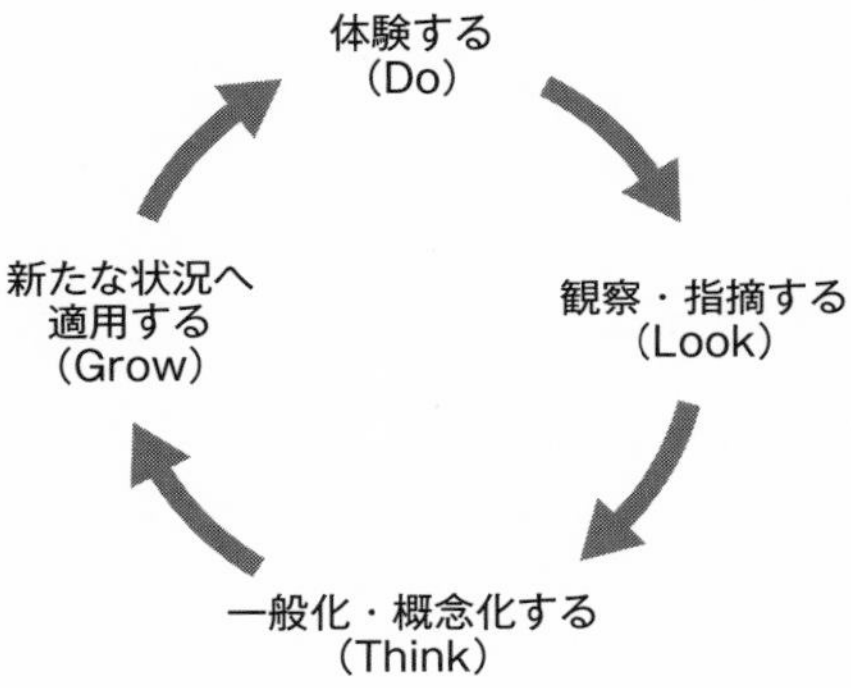

図2

とを「Do」といい、ふり返ったり観察したり、指摘したりすることを「Look」といいます。観察したり、ふり返ったり、指摘したりすると、だんだんまとまりが見えてきます。つまり概念化が起こるわけです。こんなところでこうやると、こういうことが起こるらしいとか、こうやると失敗するといったことがまとまります。概念化され、まとまってくると、次にこういうときはこうした方がいいだろうとか、これはこういうふうにやらない方がいいだろうとか、よく考えて「Think」、一般化の作業をします。

あるいは、皆さんが調査の初心者のころを思い出していただくと、調査の結果、あれもまずかった、これもまずかった、あれはこうすればよかったかなというふうに思うと、慌てて専門書を読んだり調べたりして確認することがあったかもしれません。「どうすべきだったのか」とか「どうやればいいの」と思って本を読んだり人に聞いたりするとき、この「概念化」とか「一般化」の作業をしていることになります。

「一般化」「概念化」したことを新たな状況に適用してみるということは成長する「Grow」ことで、それは新たに体験することにつながります。学習はこのように循環しており、循環することが成長ということでもあります。この図は、訓練や体験学習の場でも同じ循環があることを意味します。曖昧な状況でやってみること、冒険をすることなどがあり、それをふり返り一般化して、次の試みに生かすということです。

体験をしたら必ずふり返ってみましょうということがフィードバックです。そして、それが一体どんな体験だったのか、できれば生な感じや直後の思いを参加者全員でふり返ってみることが大切です。なるべくありのままに自分に正直にふり返ってみることで、次へのステップが生まれ、成長があるのです。

この図の学習の循環過程でいうと、今私は一般化のところから始めていることになります。さきほどから、私はロールプレイという学習法についてすでにわかっていて、一般化されていることを伝えています。これを言うことは、いかにも正解を伝えているように思われるかもしれず、ここから話し始められるとやや脅威を感じるかもしれません。「これが正解だから次に、図の『新たな状況に適用する』の方に行きなさい」と言われていると思われるかもしれませんし、そうは言っても言われたことをすぐはできないのが普通です。答えを教えてもらってから何かをすることはやさしいかもしれませんし安全でもあります。ただベテランであればあるほど、この学び方はあまり好ましくないでしょう。いろいろやってみてふり返り、自分なりの方法を探したいかもしれません。

たとえば、日本の英語教育がよくないと言われるのは、図の「一般化・概念化」から始まっているからのようです。私たちは英語を文法から学び、確かに原則はわかるのですが、すぐしゃべるようにはならないということが起こっています。「体験する」から入るとルールはよくわからないけれども、何か言えばこんなふうになるということがわかり、そこから仕組みを理解してもいいわけです。学習は循環するものですから、どこから始めてもいいのですが、ロールプレイの学習は「体験する」から始まるということを覚えておいてください。

2　ロールプレイの段階

準備

次はこれもまた「概念化」から入っていきますが、ロールプレイはどんな段階で進むかということについて紹介します。ロールプレイでは準備の段階が重要です。舞台装置があってなるべく臨場感がある場面を作るために、机や椅子、テープレコーダーなどで舞台を作ります。そして、ロールを演ずるための基本的な役割を書いたシートを用意します。他にも名札があったほうがいいようなときは、名札を付けるとか、食事の場面だったらテーブルの周りに座るとか、コップを置いてみるといったことです。皆さんは調査面接の場面でしょうから、近い場面を作ることになるでしょう。

ウォーミング・アップ

ロールプレイをいきなりするのはなかなか難しいので、ウォーミング・アップが必要です。役割を演じることには、すぐ乗れないものです。心理的な抵抗感をなくすための準備をしたほうがいいでしょう。そのためには簡単な何らかのロールを取るようなやり取りなどをします。

また基本的な条件として、皆さんがロールプレイを指導なさる場合にぜひ忘れないでいただきたいことは、寛容で許容的な雰囲気づくりです。私は「失敗していいのよ」とか、「失敗したほうがいろいろなことができるのよ」と言ったりします。学生たちに「日常生活でよほどのことがない限り自分は悪者になろうとは思わないで生きているから、ロールプレイのときぐらい悪者になって、その立場を体験してみなさい」と言ったりして日ごろできない役割を取ってみることを勧めたり、日ごろ取っていても違うことをやってみるといいといったことを伝えて、寛容な雰囲気を生み出すためのウォーミング・アップにしたりします。

それから、役割を表現できるようなプロセスづくりも大切です。緊張を取り除き、動機づけを高めるということです。「よしやってみよう」という気になることがとても大切で、現在私の研究所で家族療法の技法訓練をやっていますが、大変面白かったことがありますので紹介します。先日家族療法の具体的な介入をたくさんする家族面接のロールプレイをしました。そのときロールプレイでセラピストになる人と参加者の中で家族になる人とのロールプレイを始めたのです。セラピストが二人いてセラピストが家族にかかわるのですが、誰でもいいから思いついたらいつでもストップをかけて止めて、「今のじゃなくてこういうふうに言ったほうがいいと思う」というアドバイスをするやり方をとってみました。すると、あれこれ言われてロールプレイをした二人のセラピストはくたくたにくたびれてしまったのです。やりすぎだったかとスタッフは反省して、次の回は一々止めてアドバイスするのをやめてビデオを撮ってしばらくやり取りを進め、そのビデオを見てふり返るという方式に変えてみたのです。

ところが、やり方を変えたことの影響かもしれませんが、皆さんが怖気づくどころか、たくさんの人がセラピストをやりたいと申し出たのです。前回はセラピストになりたいという人が二人しか出てこなかったのですが、次のときは六人も出てこられて、すごく活発なロールプレイになりました。チャレンジがやる気を高めるのか、安心した雰囲気がやる気をつくってくれるのかはわかりませんが、失敗してもなんでも勉強になると思うと動機が高まるのだと思いますので、皆さんもそんな雰囲気をつくってください。

ウォーミング・アップをわざわざ別にやるときには自己紹介をやるとか、事例を少し話し合うとか、もっとリラックスする必要があるときには、非言語的な動きを入れてみたり、体を動かしてみたり、楽しい要素を取り入れたやり取りなど、皆がリラックスして笑い声が出るようなことをあえてやるということもあります。

ロールプレイの実際（調査官の面接訓練として）

①人数

一般にロールプレイを活用した研修をするときの人数は六人から最高でも一二人ぐらいです。あまり多くの人々が集まっているところでは、きめの細かい訓練はなかなかできません。

②配役、場面設定、役づくり

配役を決めるということになります。さらに、さっき言った場面設定や役づくりをします。それぞれに役割を理解する時間を取ります。

③変化技法（ファシリテーターの心得として）

ロールプレイのプロセスでファシリテーターがどんなことをするかということを大まかにお話し

しておきます。ファシリテーターはロールプレイの訓練中にさまざまな技法を使うことができますので、その技法を紹介いたします。

a　スイッチ法

たとえば、調査官と少年のやり取りでしたら、途中で調査官が少年になって、少年が調査官になって配役を代わってやってみるように勧めることです。そうすると、違う立場に立ったときに、自分が言ったことあるいは相手に言われたことが、役割を代えて受け取るとどう響くかを体験することになります。そして、どう返すかを試みることができるというのがスイッチ法です。これはその場で相手の立場に立ってみるという経験をすることになり、混乱もありながら柔軟な思考に役立つ技法です。

b　役割交替法

ロールプレイの役割をオブザーバーの誰かに代わってもらうやり方です。参加者がどんどん役を代わることで、観察していたときの自分の感じを表現してみることになったり、自分がやっていた役の続きをやってくれる人の姿を見ていて、自分が何をしたのかということをふり返ることができます。

c　連鎖技法

これは一人が二回ずつ役を取るものです。たとえば、調査官と被調査者のやり取りをしていて、調査官が代わったときに調査を受けている人は二人の調査官と対応する経験をすることになり、相手が代わると調査官が異なった二人の相手をする経験ができることになります。

d　ダブル法

人数が多いときに私がよく使うやり方です。時間が限られていて人数が多いときは、それぞれの役のところにもう一人、影の役を取るということです。つまり、前でやり取りしている人の後ろにダブルの人の役を作って、調査官の後ろについている人は、調査官が今どんな思いをして、どんなことをどんなふうに考えながらやっているかということを後からついていくみたいな形で体験し、もし相手が少年だった場合には、少年が調査を受けているプロセスを、少年の後ろにいる人は、あたかも少年になったような思いで体験してみるという方法です。何回もロールプレイができないときには、影の役をやることによって体験的な学びをすることができるし、このダブル法にスイッチ法を重ねるという方法もあって、ダブルになっている調査官と調査官のダブルを代えるというのもあります。共感能力のアップにも活用されます。

e　自問自答法

これは皆さん心理療法の勉強をしたことがある方は、ゲシュタルトの椅子を使うやり方（ゲシュタルト療法のエンプティチェア〈空の椅子〉技法）として見たことのある方もいらっしゃると思います。二つ椅子を並べておいて、たとえば自分が調査官として座ると調査官として何かを言って、次に相手の椅子に自分が座って少年の役を取り、次にその少年が言ったことにまた椅子を代わって調査官として応答するといったやり方です。そうすると混乱もありながら、二つの役を交互に取っていくことで、先ほどの（b）の相互作用が自分の中にできていくので、やり取りの統合というか対立ではなく、歩み寄りのやり取りに変わっていくプロセスが体験できます。

f　再演法

ある程度のロールプレイを一回やった後でとりあえず終了し、ちょっとふり返ったり、あるいは休んだりして、しばらくして心が少し落ち着いてきたとき、もう一回ロールプレイをすることです。そうすると、自分なりにふり返ったことをそこで試みることができ、体験学習の一循環をめぐることができます。

g　鏡影法

プレイヤーが演じたように他のメンバーがまねて演じてみるということです。これによって演じた人も何かを学ぶし、他のメンバーがそれをやることによって何かを体験することができます。

以上のとおり、ファシリテーターは目的に応じてさまざまな技法を活用することができます。体験しながら活用していかれるといいと思います。

ストップのかけ方（ファシリテーターの心得として）

ロールプレイというのは、ある一定の時間プレイをしてふり返るというやり方ですので、ロールプレイの指導をする人は、どこかでロールプレイにストップをかけなければなりません。そのかけ方とタイミングはファシリテーターの大きな課題でしょう。

ファシリテーターは、建設的な学習の場を作るための中心的なリーダーとして、ロールプレイの場をコントロールする責任があります。ロールプレイの中である程度あるいは絶好の学びの材料が出たら、ストップをかける役割はファシリテーターに託されています。それでは、どのようなタイミングでストップをかけたらいいのか、経験がものをいうところですが目安をお伝えします。

a　話が一段落したとき

話が一段落したとき、やり取りでひとまとまり話し合いができたかなと思われるとき、あるいはこれで主人公が課題としていることをふり返ることができそうだと思えたときなどが一つの目安です。つまり、学びの材料が出たと思ったときがストップのかけどきです。その点で極端な言い方をすると、ほんの二、三分でストップなんていうこともあり得ますね。すごく大切だと思ったことがあったら、それはストップをかけるときかもしれませんが、大抵の場合はまた、もしビデオに撮ることができれば、少し長目にプレイを続けても構いません。ただし、ビデオを観る十分な時間があることがポイントです。観ることができないときは、フレッシュな今の感覚をふり返ることが大切ですので、短くてもストップをかけても構わないと思います。

b　話が堂々めぐりを始めたとき

先ほどから堂々めぐりだとか悪循環とか言っていますが、話の内容は変わっているように見えても、同じプロセスの繰り返しになっていることがありますので、そういうことが起こったら、つまりかかわりが堂々めぐりをしたときは、それを確かめて止めてみることに意味があります。堂々めぐりの問題のきっかけになっていることは何か、悪循環のプロセスはどのようなものかを確かめることができます。

c　長い沈黙で発展が望めないとき

沈黙してしまい、これ以上待っていても何か発展するようなことを発言しそうもないと思ったときは、沈黙の意味を考えるためにストップするということもあり得ます。

d　フィードバックの材料が出そろったとき

（a）とも重なりますが、フィードバックの材料が出そろったと思ったときになります。

e　立ち往生したり、激しい口論が起こったとき

長い沈黙とも重なりますが、プレイしている人たちが立ち往生しているとか、あるいは激しい口論が起こって混乱し、それ以上その状況を体験することが学びにならないとか、葛藤の意味をふり返ることもできないほど感情的になっているときはストップをかけます。

f　参加者に飽きがきたとき、時間が長過ぎると感じたとき

参加者が飽きてきたとき、また時間が長過ぎると感じたときです。フィードバックの材料は十分ではないけれど、退屈したり飽き飽きしてきたら、いったん止めてみるというのも方法だと思います。

g　プレイヤーからストップを求められたとき

プレイヤーが、これ以上先に行けないというふうに思ってストップを求めるときもありますし、つまずいていてこれ以上だめだと思って勝手に止めてしまうこともあります。沈黙が耐えられなくて役割を降りたりする人もいます。プレイヤーがストップを求めることはさまざまですが、たまに「ちょっとやめていいですか」と言われることもあります。私はロールプレイをするときは、必ず「私がストップをかけるまではやめないでください」と言って始めていますが、それでもプレイヤーがファシリテーターに向かって、「ちょっとやめたい」とか「あのー」とか言うことがあります。そのとき、その人はもう役を降りていることになりますので、それでも続けることは意味がないかもしれません。役を元に戻さなくてはならないわけですから止めてしまうことと同じなのです。したがって「ストップはファシリテーターがかけますから」と伝えることが大切ですが、同時に初心者がロールプレイをする場合は、「話が途中で行き詰まったり、沈黙になったりするかと思いますがそれで終わらないでください」とも言います。私たちの日常生活というのは、話が詰まったり沈黙になったりすることはあって、そういうときでもどうにか誰かがそこを乗り越えるわけなので、「沈黙になったからとか、行き詰まったからということで話が終わるということにしないでください」と前もって伝えておくことが必要だと思います。

フィードバック―シェアリング（ファシリテーターの心得として）

a　**時間を十分取る**

ロールプレイと同じ長さかあるいは、一・五倍の時間を取ることが大切です。そこでは以下のようなことをします。

b　**体験の分かち合い―具体的なデータを活用、批判ではなく**

フィードバックの一番重要なところです。どんな体験をしたかを分かち合うことになるべくエネルギーを注ぐといいますか、焦点をあてててください。それにはなるべく具体的なデータを活用することが大切です。ファシリテーターは「あなたがこういうふうに言ったときにどんな体験をしましたか」とか「こんなふうに言われたことはあなたにとってどんな体験でしたか」とか、なるべく具体的なやり取りの中でその人の生の体験を表現できるように引き出すことをやっていただきたい。

よくやってしまうことは、「そこであなたはどう思ったか」と聞くと、どんどん批判が出てくることです。「どう思ったのか」と聞くこと自体が批判にとられたり、体験に関する思いや感想を聞かれていると思うので、あれこれ関連的なことも語られます。もし「あなたはどんな体験をしましたか」と聞くと、ちょっと違うニュアンスで受け取られますので、「あのときすごく腹が立った」とか「悲しかった」といった生の体験が言語化される可能性が高くなります。どう思ったかとは尋ねないことが大切であると同時に、どんな体験をしたかについて事実をなるべく具体的なデータでふり返っていただくことです。これをリフレクション（省察）とも言います。

嫌な体験をしたということは表現していいのですが、自分が体験したこととして語ってもらう。「あなたのせいでこんな体験をした」じゃなくて「私という人間はこんな体験をする人なのです」という感じで言えるようになるといいと思います。

c　建設的なアドバイス―今後の指針として

ロールプレイでもケース検討会でも同じだと思いますけれども、「あれが良くなかった」ということはあるとしても、それで終わらせないで「こうした方が良かったと思う」というアドバイスを引き出してください。「こうした方が良かったと思う」と言うときでも、正しい答えを言うのではなく「こうしたらどうだったかな。こうしてみたらこんなふうになった可能性はないのかな」といった感じで伝えることにします。メンバーにもなるべくそういうフィードバックをするように促します。フィードバックを建設的なものとして聞いた人が助けとして受けとめられるようにします。できれば、ファシリテーターの役割は、通訳と交通整理でメンバーからのフィードバックを引き出し、その上で誰もしていないフィードバックとかこれはどうしても皆に伝えておいた方がいいと思われることを最後に付け加えると脅威的な雰囲気をつくらない工夫ができ、それが重要なポイントだと思います。

また私は、ファシリテーターのコメントのところで、プラスのフィードバックも必ず言う、プラスもマイナスも両方言うことにします。このように前向きにいろいろなことが学べる雰囲気を作っていってほしいということです。

役割解除—自分に戻る（ファシリテーターの心得として）

最後に非常に重要なことがプレイヤーの役割を解除することです。特に悪役をやっていた人は、役割解除をしないと救われないときがありますので、役割解除はとても重要です。わからず屋の夫をやっていた人がそのまま放られると、自分がわからず屋の人間になったような気分になったりしますし、もちろん調査官が失敗したりうまくいかなかったと思っていると、それはその役割をしながら思っていることではありながらもリアルな感じです。その役割中のことは少し横に置けるよう役割を取る前の自分に戻ることが大切です。

挫折感に対する配慮・フォロー（ファシリテーターの心得として）

もし挫折感を感じるようなことがあったら、そのことをフォローしましょう。グループが挫折感や失敗を受けとめる雰囲気を持っていることが大切です。特にファシリテーターがその配慮をしないと、責められた感じや二度とロールプレイをしたくない気持ちが残ってしまうでしょう。そのときは状況に応じて個別でフォローするのでもいいですし、グループの中でフォローするのでもいいですし、適切な方法でフォローしてください。この場の失敗が、一生の汚点みたいに残らないようにしていただきたいということです。

以上です。何かご質問はありますでしょうか。

質問1　ファシリテーターがコメントの中でどこまで正解を言うべきか迷うことがありますが、どうしたらよいのでしょうか。

平木　いろいろな場合があると思いますが、メンバーが依存的である場合はなるべく言わないことにします。正解は何ですか先生はどうするの、という感じで正解を知りたがるときは、なるべく言わないようにします。まずはみんなに考えてもらい、複数の答えを聞きます。もしその中に参考になる言い方や動き方があれば、私は言わないですませます。

そういう雰囲気ができてくるとメンバーが先生からではなくて皆から学べるのだということがわかってきます。皆が言ってくれることが、意味があることがわかると、学びは大きく、またメンバーの創造性も高まります。先生や権威者からだけしか学ばない姿勢や動きはなるべく早く払拭したいものです。ただ非常に困難な状況のときとか、ＳＯＳが出ているときなどは、「こうしたらいい」とは言わないのですが、「自分はこんなふうにやってみるかな……」と言ったりすることはあります。

多様なものからその人にふさわしいものを選べるようにすることが、グループ学習の妙味ではないでしょうか。依存性が高いときは、コメントをすると自発性が低くなりアドバイスし続けなければならなくなりますので気をつけましょう。

質問2　架空のケースで事前に打ち合わせていない事柄までロールプレイの中で聞かれたり話題になったりした場合、どう扱えばよいのだろうかと迷ったりします。どんどん聞いてしまっていいのでしょうか。

平木　今の質問ではどこまで細かい内容をロールプレイで聞いていいかということにもつながりますが、まずロールプレイをするときのテーマとかケースは自分が体験したものを出されることが前提です。しかし現実に体験したことでも、打ち合わせで聞いたこともない質問などが出てくることがあります。四、五分もロールプレイをやったりすることがありますが、ときに自分が聞いてないことや知らないことが出てきて困ることがあります。自分がケースの中で聞き損なっていることをロールプレイの相手が聞くこともあるわけです。そんなときは、即席でお話を「創る」しかありません。自分が今語っているストーリーの中でこんなことを言いそうだとか、言うだろうということを話していきます。そういう意味では、打ち合わせていても忘れることもありますから、物語が多少変わってつくられていくかもしれませんが、そういうケースとしてふり返るということです。ロールプレイの限界を気にしないで、どんどん聞いていっていいのです。それが学びの材料になることが重要です。

質問3 どんどん聞いていくことで、当事者役の人は「創って」いくということですね。

平木 「創って」いくということがあってもよいのですが、リアリティがなくならないようにすることです。たとえば、聞かれて知らないことは知りませんと言ってもいいし、祖母の歳がわからなかったら正確に言う必要はありません。なぜかというとこれは最後に言おうと思っていたことになりますがここでお伝えすると、ロールプレイの中で起こっていることで一番リアルなのは「今、ここ」の関係なのです。ストーリーの中身というのは、リアルというより物語であり、ここの関係のところで起こっていることが一番リアルだから、そこで語られなかったことや語ったことがどういう影響になっているかについてふり返ればいいのです。つまり話の内容が事実とどこまで合っているかではなくて、そのやり取りがつくり出した関係のところで何が起こっているかをふり返ることが重要なのです。

質問4 ふり返りの中でロールプレイを行ったケース以外の話題、たとえば以前自分が担当したケースで、似たようなことがあったなどとこの場の話題ではないことが出された場合はどのような対応をしたらよいでしょうか。

平木　難しいですね。よくあることは、自分が調査した、あるいは自分がやったクライエントのことを演じた後、「実はあのクライエントは……」と言いたくなることもあり、同様の出来事でしょう。そんなときはよほどそれが重要でない限り、私は止めます。「あなたの体験はあなたの体験として、今の体験でなるべく話していきましょう」と。ロールプレイとケース検討の違いと言ってもいいかもしれません。体験を意味づけていくことに集中し、頭だけの知的活動に流れない程度で受けていくことでしょうか。まったく意味がないわけでもないでしょうが「今、ここ」から「あのとき、あそこ」に飛びすぎるとこの場のリアルな体験が薄れていきます。

ファシリテーターとしては、そのロールプレイでどこを主なポイントとしてふり返るかを定めておくと、ふり返りのポイントを外さないですみます。質問やフィードバックがそこから外れているときには、あまり長々と時間を取らないですむかもしれません。

体験というのは、どんなことでも意味がないことはないので難しいのですが、そこで学ぶことをある程度決め、それが意味を持つと思っているときは、それ以外のところであまり時間を取らないという割り切り方はあるでしょう。

文　献

Gottman, J. & Silver, N.（1999）The Seven Principles for Making Marriage Work. Crown Publishers.（松浦秀明訳（二〇〇七）『結婚生活を成功させる七つの原則』第三文明社）

Greenberg, L.S., Rice, L.N. & Elliott, R.（1993）Facilitating Emotional Change : The Moment-by Moment Process. Guilford.（岩壁茂訳（二〇〇六）『感情に働きかける面接技法―心理療法の統合的アプローチ』誠信書房）

平木典子（一九九八）『カウンセリングの実習―自分を知る、現場を知る』北樹出版

平木典子（二〇〇三）『カウンセリングスキルを学ぶ』金剛出版

Lambert, M. J.（1992）Psychotherapy outcome research: Implications for integrative and eclectic therapists. In Norcross, J. C. & Goldfried, M. R.（eds.）Handbook of Psychotherapy Integration. Basic Books.

Miller, S. D., Duncan, B. L. & Hubble, M. A.（1997）Escape from Babel: Toward a Unifying Language for Psychotherapy Practice. W.W. Norton.（曽我昌祺監訳（二〇〇〇）『心理療法・その基礎なるもの―混迷から抜け出すための有効要因』金剛出版）

Seligman, M. E. P.（2002）Authentic Happiness: Using the New Positive Psychology to Realize Your Potential for Lasting Fulfillment. Free Press.（小林裕子訳（二〇〇四）『世界で一つだけの幸せ』アスペクト）

Talmon, M.（1990）Single Session Therapy. Jossey-Bass.（青木安輝訳（二〇〇一）『シングル・セッション・セラピー』金剛出版）

四　アサーションによるストレスマネジメント

——見えない心の疲れを互いにためこまないために——

はじめに

現代の職場は、生き残りを賭けた成果重視と加重労働の常態化が身体的にも精神的にもストレスとなり、うつや突然死の増加を始めとして職場の人間関係や家族関係に葛藤やひずみをもたらしている。特に人間関係のひずみや葛藤を抱えたり、過去に不公平な扱いを受けたりした人々は、深い傷つきや悲しみ、強い憤りや憎しみを抱えて、身動きできなくなったり不本意な言動をして、ますます自分を苦境に追い込んでいることも多い。そんな人々の支援を主たる働きとする援助職は、一人ひとりのかけがえのない思いや言動を受けとめ、理解し、痛みや苦しみを癒すことに多大のエネルギーを使う。ときに援助職自らが共感疲労とか「ミイラ取りがミイラになる」状況に陥ることも少ない。

援助職ならずとも、私たちは誰でも不調にならないよう健康を維持し、問題があるときは早期の手当てをして悪化しないよう対処し、問題の再発を予防できるような日常生活を望んでいる。しかし、ただ手をこまねいているだけでは、そのような生活は保障されない。むしろ家庭においても職場においても、日常のちょっとしたストレスマネジメントが大きな問題を抱え込まない鍵であり、その鍵は日常のコミュニケーションにある。つまりさわやかなコミュニケーションによってストレスは軽くでき、心の疲れを背負わないようにすることができるのである。

一　アサーションというコミュニケーション

アサーション（assertion）とは、「自他尊重の自己表現」のことを言う。その意味は、「自分の考え、欲求、気持ちなどを率直に、正直にその場にふさわしい方法で述べ、相手も同様にすることを奨励しようとすること」である。アサーションは、人はだれもが大切にされ、その人らしく生きてよいことを前提としたコミュニケーションであり、それによって真の協調的、協働的関係をつくろうとするかかわりである。

アサーションを理解するためには、アサーションとはいえない他の二つのコミュニケーション・タイプを知るとよい。それは、非主張的表現と攻撃的表現である。

1　非主張的な自己表現

相手は大切にするが、自分を大切にしない自己表現である。自分の考えや気持ちを言わない、言えない、遠回しに言う、言い訳がましく言う、言っても相手に伝わらないような言い方をするといった状態であり、自分を知らせないことで無視されたり、理解してもらえなかったりする。非主張的な表現には、遠慮や配慮、我慢などによってもめごとを避け、場の安定を自分で負おうとする思いもある。しかしそれが続くと過剰ストレスになり、人間関係が負担になってかかわりを回避したくなることもある。うつになったり、突然死に追い込まれたりする人の中には、忍耐の蓄積が心身を侵していることもある。

逆に、たまった欲求不満や押さえ込んだ怒りが腹に納まりきれず爆発することもある。おとなしいとかやさしいと思われていた人が八つ当たりしたり、突然「キレる」のは、ストレスの蓄積の結果かもしれない。

2　攻撃的な自己表現

自分は大切にするが、相手を大切にしない自己表現である。考えや気持ちを明確に自己主張するが、一方的に言い分を通そうとして意見を押しつけ命令し、言い負かし、操作する。たとえば、子どもの状態に配慮せず、いきなり「急げ！」とか「うるさい！」と怒鳴る親、部下の作業の進捗状況を無視して仕事を命じる上司などの表現である。また大声で怒鳴ったり威圧したりせず、やさしく丁寧な語調で伝えたとしても、自分の地位・年齢・権力などを笠に着ておだてたりなだめたりして相手を思いどおりに動かそうとするのも攻撃的表現である。

攻撃的な自己表現をすれば、相手を自分の思いどおりに動かすことができ、満足が得られるかもしれない。しかしそれは親密な関係でも安定した関係でもなく、相手にストレスをかけ、服従を強いた後に敬遠され、孤立に追い込まれる関係である。非主張的自己表現の結果、怒りを爆発させるのも攻撃的表現になる。

1のように自分を引っ込めて安易な妥協をしたり、2のように相手を威圧して自分を押し通したりするのではなく、互いの意見を出し合い、聴き合い、譲り合って、歩み寄りの道を探し、互いに納得のいく結論を出そうとするのがアサーションである。

二　ストレスにならないアサーションの活用のために

アサーションを活用するには、自分のものの見方や考え方を見直しておくと役に立つ。以下に見直しの視点を三つ挙げておこう。

1　意見や考えの「違い」は「間違い」ではない

個々人の性格に違いがあり、異なった環境や文化の中で成長してきた人々のものの見方や周囲への反応が異なるのは当たり前であり、だからこそきちんと自分の気持ちや意見を表現し、相手の表現に耳を傾けることが大切になる。違いは不仲の証でも脅威でもなく、率直なコミュニケーションの出発点であり、知らない世界・新たな発見に触れるチャンスである。違いをわかりあうことは、独り善がりかもしれない一つの「真実」にこだわるのではなく、複数の「仮説」が開かれることであり、現実的かつ親密な関係への入り口でもある。

2 「怒る」と「叱《しか》る」を区別して自己表現しよう

怒りは、人間誰もが持つ「不快感」から発信された「危機信号」であり、自分が「不快であること」「嫌なこと」は伝えてよい。したがって感情的になりすぎず「やめてほしい」と伝えることが重要である。一方「叱る」ことは、人間としてふさわしい言動や「ルール違反」への是正を求めることであり、人間が生きていく上で重要なこと、相手のためになることを伝えることである。叱るときは、怒りの感情を乗せたり発散させたりしないで、きちんと改善点を伝えることが重要である。

3 人間には「失敗する権利」があることを覚えておこう

神ならぬ人間は完璧ではなく、過ちや失敗をしない人間はいない。「失敗する権利」は「人間である権利」とも言われ、それゆえにこそリスク・マネジメントがあり、また失敗を償う方途もある。意図的なルール違反や欺瞞と人間の不完全さから起こる失敗を区別しよう。ルール違反や欺瞞は、前もって決められたルールに則って裁かれるが、人間の不完全さから犯してしまった過ちは、互いにそれと認め合うことが重要である。認めることから可能な償いを探ることが始まり、実際そんな過ちをしたとき、人は謝ったり償ったりしたいと思うものである。人間としての失敗には償いのチャンスを創ろう。人間としての過ちがいきなり攻撃されたり責められたりしたとき、人は脅える（非主張的）か、反抗する（攻撃的）かになる。それはできる限りの償いをするチャンスを失った状態であり、言わば人間として生きてはいけないと言われたようなものである。

そして人間ができる償いは、これまた完璧ではないかもしれない。だからこそ私たちは「赦す」ことを知っているのである。

五　子どものよさに気づく

——ほめるための基本——

一　出発点は「いいな」という気持ち

子どもをほめるためには、まず一人ひとりの子どものよさに気づくことが大切であろう。子どものよさに気づくとはどんなことか。子どもをほめることが上手な人はどうしているのか。下手な人はどうすればいいのか。これが本論のテーマである。

「ほめるコツ」は、実は相手のよさに気づく前にまず自分が「いいな」とか「好ましい」と感じていることに気づくことである。「いいな」という感じがしたとき、それをとらえなければ、相手の何が自分にアピールしたのか、自分にとって相手のよさとは何かを理解することは難しい。また、「いいな」と感じても、それを伝えようと思わなければ、ほめる言動は出てこないだろう。そして、ほめるためには思ったことを伝える方法も必要だ。

ほめるための鍵は、「いいな」―「伝えてみよう」―「どんな風に」をつなぐことである。ただ、このつながりをつくることは思いのほか難しい。

たとえば、子どものよさや「いいな」と思うところがあっても、その他の「よくない」ことや欠点に気を取られたり、欠点があること自体がほめるに値しないと判断したりすると、「いいな」という感じは消えるだろう。芝生の青々していることを愛でるか、その中に雑草があることを気にするか、つまり、オール・オア・ナッシングの見方をしていると、ほめることはめったにないだろう。

また、ほめることに躊躇や否定的思考が働くと、「いいな」という気持ちを表現することに抑制が働く。「ほめるとつけあがるのでやめたほうがよい」とか、「ほめることはおだてることになるのでまずい」などと思っていると、「いいな」という気持ちは否認されていく。とりわけ、おだてられて何かをさせられた経験がある人は、ほめられること、ほめることに含まれる作意に警戒心をもつかもしれない。

さらに、ほめ言葉を知らない人はほめることが苦手である。ほめ言葉をたくさん聞いた人、たくさんほめられた人はいろいろなほめ言葉を知っているし、自然に出てくる。ほめられていない人はほめ方を知らないし、ほめられることに慣れていないので、気恥ずかしくなったり、謙遜したりもする。

私たちがその人なりに感じたり、受けとめたりする「いいな」という気持ちを素直に、正直に表現することは、大人になるにつれて難しくなっていく。上記のように素直な気持ちがさまざまな経験や考え方に汚染されて、表現できなかったり、表現しなかったりしている。逆に、ほめられる側に立ってみると、明らかなおだてや皮肉交じりのほめ言葉でない限り、ほめ言葉は心地よく、嬉しいにもかかわらず、他者に対してそれができない。

あなたは「いいな」と感じたり、「よさ」に気づいたとき、どんな心理が働いてそれを表現する気持ちになったり、ならなかったりするのだろうか。ほめることの難しさ、落とし穴はどこにあるのだろうか。

二　ほめるとは

ほめることの基本は「いいな」と思う気持ちであるが、そこには二種類の気持ちが働いている。それは、日本語の辞書では異なった字で書かれていて、よく調べてみるとそれぞれに異なったニュアンスがあることがわかる。「褒める」と「誉める」である。

「褒める」の漢字には、大きいとか広いといった意味があり、そこから、褒めるとは、ものごとを評価し、よしとして報いる意となる。「褒める」の心理には、傑出しているとか、優れているといった判断があり、ある基準を超えた場合にそれを認める言動を褒めると書く。

一方、「誉める」の「誉」は、よい評判、よい行いであり、誉めるとは、善をたたえる、言葉にするという意味になる。「誉める」の心理には、まさに「いいな」という思いがあり、それを言葉に出すことを誉めると書くのである。

ちなみに、私たちはほめることを「賞賛する」「称賛する」とも言うが、それぞれの意味にも上記の二通りの意味がある。

「褒める」は「賞賛する」に通じていて、賞・褒美《ほうび》をもって功績や善行をたたえることであり、たとえばオリンピックで優勝した選手に金メダルを授与するとか、抜群の成績に祝いのご馳走やプレゼントをするといったことである。

そして「誉める」思いは「称賛する」ことに託される。称賛とは、素敵だと言う、気に入ったと言うことであり、賞や褒美を伴わずに言葉でほめること、ほめたたえることである。

「ほめる」言動をこの二通りに区別してみると、二種類のほめ方があることがわかる。一つは、対象となる「よさ」が基準を超えていることを認めたときの「褒める」であり、そこには褒める側の比較とか評価といった客観的判断作業が含まれている。褒めるためには、相手に評価基準に見合ったよさがあり、それが抜群である必要がある。

ところが、素敵だ、気に入ったと「誉める」ことに基準や比較は必要ない。したがって、個々人が「いいな」という感じをもち、その気持ちをその人なりの言葉で表現することが重要になる。基準がないから一人ひとりの「いいな」と思うことは異なっていてよく、またみんなが同じようにほめる必要もない。言いかえると、個性や特徴をほめることの源には、個々人の好き嫌いがあり、だれもが好きになることが違っていていいし、「いいな」と思えば、そう伝えるとほめることになる。

「褒める」ためには、相手の側に褒めるに値する「よさ」「メリット」がある必要があるが、「誉める」ことには、自分の側に「いいな」と感じる感受性や気づきがあることが大きくかかわってくる。また、「褒める」ためには知的作業が必要となるが、「誉める」ときは主に情緒的、感覚的作業をしている。

三　ほめ方の難しさ

このように考えると、ほめるとき留意する必要があることは、ほめ方の違いであろう。ほめ方の難しさにまつわる三つの日常の出来事を考えてみよう。ほめることの誤解、誤用、自分の性格との関係である。

ほめることの誤解

ほめることを誤解している人はいないだろうか。子どもや周りの人をほめるとき、どの基準でほめればいいかとか、ほめるに値しないのではないかなどと考えることはないだろうか。もしそうだとすれば、ほめるとは「賞賛」することだけだと思っている可能性がある。もし、ほめることを相手のよさを客観的基準で見つけ出し、他と比較して群を抜いていなければほめることにはならないと思い込んでいると、よほど優秀な「よさ」をもっている人でない限り、ほめられることはないだろうし、ほめる人も少ないだろう。これは頭でほめることと言ってもよい。

むしろ、誰かと比較したり、基準を設けたりしないで、主観的な好ましい気持ちを伝えると、それは相手のよさになる。ほめることの基本は、自分が「いいな」と感じ、それを伝えようと思うことにあると述べたが、そこには自分の喜びや嬉しい気持ちが含まれているので、それが伝わることで相手も嬉しくなる。相手は自己を発見し、自信をもち、才能を引き出してもらうチャンスを得ると同時に、喜びを共有することもできる。気持ちでほめることのメリットである。

頭でほめることも、気持ちでほめることも両方あっていい。ただ、いつでも、誰でもできるのは気持ちでほめることである。ほめ言葉のシャワーを浴びて育った子どもは、のびのびしていて、叱られることにもきちんと対応でき、自律的に自分を伸ばしていくことができる。それは個性の発揮、その子らしさの形成につながるだろう。そして、「いいな」という気持ちならば、シャワーのように伝えることができる。

ほめることの誤用

ほめることを意識的、無意識的に誤用することにも気をつけたい。

ほめることは本来、相手のよさ、すばらしさを受けとめて伝えることであるが、先にも述べた「おだてる」ほめ方は、本来のほめることの誤用である。まず相手をほめてから用事を言いつけるとか、命令をするなどは、おだてたり、そそのかしたりして人を使うことになる。相手をいい気持ちにさせて「ノー」を言えない状況に追い込み、自分の思い通りに相手を動かそうとする方法は、むしろ巧妙に仕組まれたハラスメントにもなり得る。とりわけ上司、権力者、年齢が上など力をもっている者が子どもや部下など力も地位もない者にこの方法を使うと、相手は排除を怖れて従うだろうし、相手が従ったとしても不本意に動いている可能性がある。「ほめる―頼む」の組み合わせを始終使っていると、相手はほめられると身構え、ほめられることに嫌悪感をもつようになる。

日頃から相手のいいところをほめていれば、頼みごとをする前にわざわざほめる必要もないし、またほめたとしてもわざとらしく聞こえないだろう。日頃、自然にほめ、ほめられる信頼関係が成り立っているところでは、ほめ言葉はそれ以外の意味を含まないが、都合がいいときだけほめるような関係では、ほめ言葉自体が押し付けになるだろう。

また、ほめ言葉に近いせりふに「お世辞」がある。相手を喜ばせようとして実際以上にほめることである。いいところを伝えるというより相手の気を自分に向けさせようとする気持ちの方が勝っている表現である。お世辞には心がこもってなかったり、具体的でなく大げさだったりするので、「見えすいたお世辞」になることもある。逆に、「○○はお世辞抜きですばらしかった」ということもあるように、心から相手をほめるときはお世辞と受け取られないようにしたくなるだろう。

確かに人はほめられると嬉しくなり、その気になって前向きに動くことはある。ただ、「おだて」にも「お世辞」にも相手のよさを伝えることに、主眼はなく、暗暗裏に自分の操作的な意図を絡ませたメッセージである。ほめるとき意識しておきたい。

ほめることと個人の性格

ほめることの難しさは、個人の性格傾向ともかかわりがある。

本論の最初に、芝生が青々としていて美しいと思うか、芝生の中の雑草が目につくかという例をあげたが、性格が几帳面で、強迫的、完璧主義の傾向の人は、ものごとの不十分なところ、欠点を見過ごすことができない。つまり、他者についてもその人の欠点や失敗の方が目についたり、気になったりするので、ほめるところが見えない。もちろん、自分自身も同じ見方でとらえるので、自己卑下や自信喪失に陥っていることもある。周囲からほめられてもお世辞と受け取り、「そんなことはありません」とか「でも、○○ができなくて……」など、不完全さを言わないではいられない。

この傾向があると、ほめ言葉をそのまま受けとることができないし、ほめることも苦手になる。もし相手が「いいな」と思ったことを伝えているとすれば、それに対して「そんなことはありません」と応えるのは、相手を否定していることにもなりかねない。不十分さを知り、控え目に、謙遜して対応しているつもりでも、相手の気持ちを受けとらなかったことになってしまうだろう。

こんな傾向のある人は、ほめられずに育った可能性があり、ほめることに工夫と努力が必要だろう。とことんほめてもらう経験を積むことを薦めたい。ほめたからといって欠点がないと言っているわけではなく、完璧でなくてもほめてよいことがわかるだろう。

四　子どものよさに気づくには

さて、それでは自分が「いいな」と素直に感じられるようになるにはどうすればよいのだろうか。子どものよさに気づくとは、どんなことなのだろうか。

人は生まれつき、本能的に快適なことと不快なことを感じとる能力をもっていることを思い出してほしい。お腹がすいたりおしめが濡れたりして赤ん坊が泣き、抱かれると泣き止みすやすや眠るといった行動はその能力を示している。その快・不快を感じとり表現する力は誰にもあるので、大人になるにつれて錆ついているその力を活性化させることである。

愛らしさは子ども本来の姿

子どものよさに気づくには、まず、子どもは誰でも可愛い姿をしていることを再確認したい。「神は、大人が子どもに注目し、近寄り、ケアをしたくなるように子どもを可愛くつくられた」と言われるように、三頭身の幼子の姿は、それ自身でほほえましく、接する者のいい感じを喚起する。その気持ちを伝えることで、子どもは受けとめられ、大切にされている感覚を得て、一層多様な反応を表現する。その反応は周りの人の好ましい気持ち、慈しみの気持ちや感覚を刺激し、それこそがまさに子ども本来の特性の発揮といってもいいだろう。

かつて異文化間コミュニケーションの研修を受けていたとき、文化の異なる国に行って、ことさら子どもが可愛いと言い、子どもにだけはオープンに接する人は、差別意識があるかもしれないと解説されたことがある。それほど子どもはどこでも、誰にも「いいな」という気持ちを起こさせる存在なのであろう。

「違い」を善し悪しで判断しない

くり返すが、ほめるコツ、すなわちかんどころは、自分の「いいな」という気持ちである。ということは、いいなと思うことは人によって違う。あなたのネクタイ、あなたの声を好きだと言う人もいれば、好きでないと言う人もいる。それは好みの違いであって、評価ではない。ここに「誉める」「称賛する」と「褒める」「賞賛する」の表現の違いが必要になる。自分にとって「いいな」と感じることは賞賛し、伝えれば誉めることになるし、自分が「いいな」と思わないことは伝えなくてもよい。

欠点は長所でもある

それでも子どものよさが見えない、ほめることができない人は、ものの見方の訓練をするとよい。欠点や好ましくないところが目についたら、そのことの効用を考えてみることである。たとえば「頑固」で「わがまま」な子どもの面が気がかりなとき、その特徴の裏、そのよい面を探すと、簡単にあきらめないとか、自分の思いを大切にしているといった特徴が見えてくる。ほめるコツは、ある子どもの特徴には両面があるので、いい面の方も公平に探し、それを伸ばすように励ますことである。

ほめるには、自分に素直になり、「いいな」と感じる心を活性化することに尽きるようだ。

六　「聞く力」とは

一　「聞く力」は「応答する力」

コミュニケーションは、「話す人」と「聞く人」で成り立っている。

一方的に聞く人になったりする日常生活の中で私たちは一方的に話す人になったりすることはめったにない。誰かが話し手になっているとき相手は聞き手であり、聞き手は次に話し手になる。コミュニケーションは話す人と聞く人の交互作用であり、誰もが話し手と聞き手の立場をとることになるので、いずれの能力も必要になる。ただ、多くの人は、「話す」能力や話し方には関心をもつが、「聞く」ことには無関心なのではないだろうか。

その理由は、おそらく「聞く」ことは受身的なことで、自ら働きかける必要がないので易しいとか、自分の思いを的確に伝える工夫や苦労に比べれば、それほどエネルギーの要ることではないと思われているからかもしれない。

また、実際、「聞く」は「話す」よりもはるかに多くの方法があることにもよるだろう。沈黙、表情や身動き、簡単な相づち、一言の返事、相手の問いや要望への応答、こちらからの質問、あるいは反論など、多種多様の対応が可能であり、ときに無頓着な相づちや無責任な沈黙で済ませても、ピント外れの対応は目立たないかもしれない。

ところが、もし聞き手から無関心やわかってくれていない反応が返ってきたらどうだろう。話し手は困惑や失望、ときには苛立ちを感じるのではないだろうか。さらに、もし話し手が困惑や苛立ちを表現することをためらったりすると、聞き手はさらに無関心になり、コミュニケーションは頓挫するかもしれない。

コミュニケーションは、一見、話し手が主人公になっているやり取りのようだが、実際は「話す」と「聞く」は同時に進行しており、いずれも同等に重要である。とりわけ聞き手には、多種多様な対応の選択肢があるからこそ、適切な応答をするにはきちんと聞く必要がある。

コミュニケーションにおける「聞く力」とは、言いかえれば「応答する力」でもある。話しかけられたとき、その人は同時に何らかの応答を期待されているのであり、その応答は相手の期待に沿って理解し、適切に応答して初めてコミュニケーションは成り立つのである。

二　「聞く」と「聴く」のちがい

ここまで「きく」を「聞く」という字のみで表記してきたが、実は日本語の「きく」という言葉はさまざまな意味に使われている。

「鐘の音をきく」「先生にきく」「道をきく」「音楽をきく」「無理をきく」などの表現で、「きく」の意味は異なっていることがわかるであろう。「きく」を漢字に書きかえると、「鐘の音を聞く」「先生に訊く」「道を訊く」「音楽を聴く」となり、「無理をきく」とは「無理を聞き入れる・許す」の意味になるので「聴く」となるだろう。つまり、「きく」には、「聞く」「訊く」「聴く」の三種類の意味をもつ漢字があるのである。

この区別は他国語では明確で、それぞれに異なった単語があり、意味も異なっている。日本語では「きく」が同じ音（イン）であること、特に「聞く」と「聴く」の意味の違いが微妙であるため、明確に区別されないで使われることも多い。また、「訊く」の代わりに「聞く」を使用することもある。三つの言葉は曖昧に使われる傾向があって、「聞く」がどの意味にも使われたりする。日本語の辞書を引くと、「聞く」と「聴く」は同じ項目の中で説明されているが、英語の hear と listen の意味がすべて羅列されて出てくる。

一方、英語の hear と listen はもちろん異なった項目になり、hear は「出た音を耳を使って聞く」と説明され、「音を聞く」「言葉を聞く」という使い方をする。また、listen には to をつけるよう指示され、「誰かが言っていることに関心を払うこと」、「聞こえる音に集中すること」と説明されて、漠然と聞くのではなく、ある方向性（to）をもって聴くこととされている。「無理を聞き入れる」場合は listen を使うらしい。ちなみに「訊く」の英語は ask, inquire であり、「尋ねる」「質問する」の意である。自分が知りたいことを尋ねることであり、相手の言いたいことを「聴く」とは方向が異なる。

このような違いを明確にする必要性から、最近では「聞く」と「聴く」を書き分ける人も増え、意味の違いを意識して使うようになってきた。特に、近年、自分の言いたいことを一方的に述べて、人の話を聞かない傾向が強くなり、「聴く」ことの重要性が再確認されてきた。「聴く」には字の中に「心」の文字が入っており、その意味は「心を込めて聴くこと」「相手の感じていること、伝えたいことを相手の身になって理解しようと耳を傾けること」とされている。

そして、相手の思いをきちんと聴いていると、適切な質問も出てくる。相手から「よく訊いてくれました」と言われるような「訊く」は「聴く」から生まれる。「聞く」「聴く」「訊く」は、音（イン）が同じというだけでなく、相互に密接な関係もある。

三　「聴く」ことの大切さ

私たちは言葉や表情、態度などで自分の思いや気持ちを伝えている。人間のコミュニケーションには、表情や態度などの非言語的表現と言葉が大きな働きをしていることになる。ところが、その表現が相手にどのように伝わるかは多様である。

たとえば、自分がうつむいて歩いていたとき、「どうしたの?」と声をかけられ、「大丈夫」と答えたとしよう。この返事は相手から「心配してくれてありがとう」と受け取られることもあれば、「放っておいてください」と受け取られることもあり得る。また、うつむいていたことを相手は悲しんでいるとも考え事をしているとも受け取る可能性がある。

このようなさまざまな受けとめ方があるのは、人間は自分の理解の仕方（枠組み）に沿ってしか相手のメッセージを受けとめることができないことを意味している。

人は育った環境、時代背景などによってそれぞれの人が創った枠組みで言葉を使い、理解している。つまり、自分の言葉や態度は相手が受け取った意味に沿ってしか理解されないということでもある。

「心配してくれてありがとう」と受け取った相手は、「どうしたの?」と心配して訊いたら、「大丈夫です。ご心配なく」と答えたと理解したのだろうし、「放っておいてください」ととらえた人は、「大丈夫なのに、心配したことは迷惑だったのか」と受け取ったかもしれない。

このように、一つの言葉でもさまざまな意味に受け取られることを考えれば、うつむいた態度は、自信がない、悲しみ、失望、怒りなどを隠していて自分の気持ちを知られたくないという表現など、多様な意味をもっていることになる。

人は、自分の伝えたいことは自分の表現の枠組みに沿って伝え、相手の表現は自分の枠組みでとらえることしかできない。そこには共通点もあるが、さまざまな思惑や不安、態度によって繕われていることもある。それがコミュニケーションの現実であれば、私たちは互いの思いをできる限り正確に理解するために、相手に聴く必要がある。

自分が表現するときは、なるべくわかりやすく「大丈夫、心配してくれてありがとう」とか、「大丈夫、一人で何とかできると思います」と伝えることが重要だろう。自分が聴く側にいるときは、相手の声の調子を聴き、表情や様子を見て微少なニュアンスをとらえようとしたり、少しでもわかったことを言葉にしてみることだろう。「うつむいていたので、どうしたのかと思って心配したんだけど、大丈夫なのね」と。そこから次の会話が続くかもしれない。

このようなやり取りが、「聴く」のある共感的なやり取りということができるだろう。

四 「聞く力」を育むには

「聞く力」が最も旺盛なのは子どもではないだろうか。

言葉を自由に使えない子どもは、自在に思いを伝えることはできない。その姿は、大人から見れば「応答する力」は未発達で不十分かもしれない。しかし、周りの動きや働きかけに対して敏感であり、関心や好奇心をもって「聞いて」いて、その反応は大人から見ると拙いが、子どもはまさに心のまま、ありのままに表現しているという意味で、「聞く力」「応答する力」そのものを発揮している。

その力は、残念なことに言葉を使い、理解できる大人になると、だんだん落ちてくる。自分なりに言葉の意味がわかるので、相手がその言葉に託している意味を聴かず、自分の枠組みで理解して、わかったような気になるのである。子どもは意味がわからないから聞いた言葉の意味を理解しようと非言語的な動きなどに敏感に反応して、相手の意味を探るのだが、大人はその試みをやめてしまう。そうなると、三つの「きく」ができなくなる。

「きく力」を維持するための、いくつかのポイントを以下に述べておこう。

1 人に関心をもつ

「聞く力」にはまず人、特に相手への関心が必要である。言っている事柄やテーマなどの内容だけでなく、その内容に託している相手の気持ちや思い、語り全体で伝えたいことを理解しようとすること、つまり「聴く」ことである。それは換言すれば、相手に対する好奇心であり、その人の心の中にある思いや考えは語られない限り未知であり、その未知の物語に対する興味をもち続けることでもある。

逆に、積極的に相手に関心を向けて「聴く」ことをやめてしまうと、受身的に「聞く」ことになり、対応は上の空になる。あるいは、相手を無視して自分が話したいことを話すことに熱中して、迷惑がられるだろう。

相手に関心を寄せていると、沈黙が必要なときはじっくり待ち、しっかり聴くべきところと聞き流してもいいところの区別がついてくる。相手の話が自分にとって面白いか否かで会話をするのでなく、その人自身に関心をもてば「訊く」ことも適切になる。

2　先入観で相手を決めつけない

「聞く力」は、相手に対する先入観をもっていると落ちる。なぜなら、以前に知ったことによって作り上げられた固定観念やイメージをかぶせて目の前の相手の思いをとらえていくので、その人の今の姿が受け取れず、自由な発想も妨げられるからである。

「この人はいつもこうだから」「どうせ……だろう」と思っていると、今、ここの相手を新鮮に受けとめることができず、まさに自分の枠組みに相手を閉じ込めて理解することになる。相手を見下したり、軽蔑したりすることにもなりかねないので、「聞く力」「応答する力」を発揮する機会を失ってしまう。

人は常に成長しており、変化している。その変化を受けとめられるかどうかも「聞く力」にかかっており、その変化を受けいれることで自分も新たに変化していく醍醐味を味わうことができる。身近な人と共に成長し、共に何かを成し遂げるには、相手はもとより自分にも先入観をもたず、今、ここで常に成長し続ける仲間でありたい。

3　自分の思いを横に置く

人の話を「聞く」ときは、自分の心の中に相手の思いを入れる空間をつくることが大切である。自分の思いをそっと心の横に置いて、相手の話を「聴こう」とすると、相手の思いが自分の思いに汚されず入ってきて、よりわかりやすく「聞く」ことができるだろう。自分の思いがいっぱいのとき、他者の思いを受けとめることは困難であり、そんなときはそのことを相手に伝えることが必要である。誰にもそんなときはあるので、正直に伝えることが「応答する力」の発揮である。

4　議論・正解志向から脱する

「聞く力」は、相手と争う気持ちや議論に勝とう、相手を負かそうとする気持ちがあると低くなる。自分の言い分を相手に聞かせ、押し付けるためには、相手の言い分など聞かない方が都合がよい。ものごとを論理と、正しいか正しくないかでとらえようとすると、相手の思いは聞けなくなる。逆に相手の思いを「聴こう」とすると、対話におけるＴＰＯがわかる。

「聴く」ことができていれば、論理的に考える必要があるとき、迷いや混乱をそのまま受けとめることが重要なとき、気持ちを受けとめることが最優先されるときなど、適切な「応答」が見えてくる。人は課題遂行や問題解決だけのために生きているわけではないことを心得ておきたい。

5　「違い」を「間違い」にしない

「聞く力」は、ただ考えや気持ちが違うだけなのに、どちらが正しいか、間違いかと判断する癖がついていると発揮できなくなる。なぜなら、異なっているものは、珍しく新鮮であり、もしかしたら未知の領域を広げるチャンスでもあるのに、それを間違いにしてしまうことで新たな発見の機会を失うばかりか、相手を排除することにもなりかねないからである。

先に、人はそれぞれの理解の枠組みがあることを述べた。つまり、人は自分色のついた色眼鏡でものごとをとらえ、自分なりに理解して生きている。その枠組みは、自分が生きる上での判断の基準であり、価値観であり生き方の軸でもある。それが互いに違うのは当たり前なので、そのまま受けとめ、その違いを語り、「聴き」、わかり合うことが大切である。「違い」を「間違い」だと判断した途端、私たちは相手に「聴き」、わかり合う「応答」をストップしてしまう。

「違い」を怖れたり、異物視したりせず、それを自分のものの見方を広げ、新たな視点を確保し、多様な視点からものごとにかかわるチャンスだと受けとめよう。

6　あまり親切にならない

親切な人は、ときに「聴く」ことができず、不要な支援をしがちになる。話を「聞く」とアドバイスや助けを求めていると受けとめがちになり、ひたすら自分が「何と答えるか」、相手のために何ができるかに気をとられて、相手の話のポイントを「聴き」損なう。その結果、必要のないアドバイスをしたり、おせっかいをしたりする。

親切で頼りになる人かもしれないが、相手の依存心を高め、自立心を育て損なう。ときに親切にすることで相手を自分の意のままに動かしている場合もあるので、注意したい。

五　「聞く」ことは相手を大切にすること

「聞く力」には、スキルだけでないものがある。それはその人がもつ相手を話したくする雰囲気であり、その根底には他者への優しさと敬意がある。

文献

平木典子（二〇一三）『図解　相手の気持ちをきちんと〈聞く〉技術』ＰＨＰ研究所
園田雅代（二〇一三）『子どもの心を整えるお母さんの「聴き方」』ＰＨＰ研究所

七　自己再生と関係回復を目指す

――ケースフォーミュレーションと治療計画を考える――

私は現在、家族療法を中軸とした統合的心理療法を志向する私設の研究所において、臨床心理士・家族心理士として、個人・カップル・家族を対象とした心理臨床を実践している。

そのアプローチは、個人療法における個人の心理と言動の理解・変容と家族療法における関係性の理解・変容の両アプローチの統合であり、症状や問題を訴えたり、周囲から問題があると見られたりしている人をＩＰ（Identified Patient＝患者とされた人）ととらえ、ＩＰと身近な（家族や学校・職場など）人々の関係性の側面を重視したアセスメントと介入を行う。

アプローチは、クライエント、あるいはクライエントの関係者の主訴に沿って以下の四つのいずれかの側面から開始する。関係性の循環的変化を視野に入れたアセスメントと介入を進め、必要に応じてアプローチの側面を変えることもある。四つの側面とは、①クライエントの主訴にかかわる行動・認知の変化を支援する側面、②ＩＰ（クライエント）の症状や問題を維持する関係性のメカニズムに介入する側面、③クライエントの多世代にわたる心理的遺産の負荷に取り組む側面、④個人の対象関係の問題に取り組む側面である。

一　アセスメント・フォーミュレーション

1　上場企業勤務、五一歳のAの主訴

精神科クリニックでうつの診断を受け、産業医とも面接を継続してきたが、四年にわたり休職と復職をくり返している。半年前から妻とは家庭内別居状態で、食事も別々。うつ診断以来、自分ではなくなったように感じ、投薬により睡眠はとれているものの、来談時は何のために生きているかが実感できず、不安と息苦しさが高じ、医療とはかかわりのない大学（附属心理相談室）で自分のことを考えたいと来談。

臨床像は、人当たりのよい営業職の印象があったものの、自分について、とりわけ自分の苦境について語ることが苦手の様子だった。「うつになる前の自分に戻れたら」と目を真っ赤にして訴え、五〇年の人生を取り戻したいという思いと不安がインテーカーに伝わっていた。

2　クライエント自身の経過理解と自己像

花形部署で大きな契約をとりつづけ、同期や後輩から一目置かれ、尊敬されていたが、一〇年前

のリーマンショックによる仕事環境の暗転で、問題が続出し、対応に追われるうち、自信喪失、不安・緊張、震え・動悸などの心身の症状が出現、パニック障害の診断で抗不安剤の処方を受けた。間もなく、周囲を責めたり、常軌を逸した行動をとったりする軽躁状態になり、その後、気分の落ち込み、身体のだるさなどの心身の不調で精神科医から「過労」と診断され、薬と休養を勧められ休職。

家族はその変わりように唖然とし、特にショックを受けた受験生の娘のために、妻の勧めでクライエント自身の実家で静養。見捨てられ感を持ちつつ、一カ月で少し元気になり復職。しかし、その後一カ月で完全にダウンし、「窓際族」の雑務へ配置転換させられる。仕事のペースダウンと周囲のやる気のなさに苛立ち、周囲を見下す言動でパワハラの訴えを受け、そのショックで再び五カ月の休職に入る。

この間、専業主婦の妻とはけんかが絶えず、妻から「子育てや家事をすべて自分の役割として引き受け、夫を支えてきた。何のねぎらいもない夫とこれから過ごしていくことに希望をもてない。夫の姿を見るだけで気分が悪くなる」と避けられている。娘も母親に同情しており、長男（おそらく娘の弟）とは挨拶程度の会話しかない。A自身もこれまで家族のことを顧みることはなかったが、家族から見放されて情けなく、また怒りも感じている。

3　精神科医（主治医）の主な対応

初期の診断であるパニック障害に対して抗不安剤が処方された後、軽躁状態への理解と対応はなかったと想像される。間もなく身動きができなくなったとき、主治医は「過労」として休養を勧めて休職になっている。この間、不安・うつに対する抗不安剤、睡眠薬（抗うつ剤も？）の投与があったと推測されるが、英雄の「薬だけを処方し、軽躁状態になってもそのまま仕事をさせておいた精神科医の過失」という表現から、精神科医も産業医も英雄自身の症状軽減の投薬と生活・勤務の指導は行っていたが、英雄自身のパーソナリティと内的資源、夫婦・家族関係や会社における人間関係のストレスや外的資源についてのアセスメント、介入は乏しかったと推測する。

4　その他の情報

インテークでは、そのほか、休職中に会社からリワークへの指示があり休まず通ったが、生活指導と思考のモニタリングは、監視されている経験となったことがわかっている。主治医と産業医、会社（上司や人事）との連携はなかったのだろう。いずれにしても、英雄に環境との対応について支援された意識はなく、会社には裏切られたように感じ、労災として訴えることを考えている。

英雄は、中流家庭ではあったが、仕事に忙しく成績にしか関心のない父、子どもの気持ちに気づかぬ母から中学受験のため好きなサッカーをやめさせられて塾に通い、成績と外見の良い兄と比較されて育った。小学校六年間、いじめにあって、両親と先生に訴えたが理解も対応もされず、逆に告げ口と咎《とが》められた。以来、「見返してやる」という気概で、涙を流しても負けないで中高を乗り切った。

5　筆者が読みとった主訴を含むクライエントの状況

①クライエントの問題と状況

子ども時代から心理的苦境を忍耐と闘争心で乗り切り、その勢いは大学、職場での課題達成と成功をもたらした。しかし、働き盛りの四〇代で、不運にも仕事環境の変化に適応できず、自信を失うだけでなく、パニック障害、軽躁状態、うつといった心身の苦痛に見舞われた。以来一〇年間、上向きだった人生は休職、復職のくり返しになり、全く自分ではなくなった感じと生きる意味の喪失で、不安と苦しさに耐えられないほどの下降を辿っている。

自分が生きる唯一の場であった会社からは労災とも思える理不尽な扱いを受け、仕事一筋で顧みることも接触も少なかった家族、特に妻からは見放され、さらに無理解だった実家の両親宅で静養せざるを得ず、Aの自尊心は傷つけられ、孤立無援の状態に追い込まれていると受け取ることができる。

②クライエントの主訴から見えてくるA自身のリソースの発見と自己再生

注目したいことは、英雄のこれまでの頑張りと負けん気が「うつになる前の自分に戻る」本人の望みを後押しし、これまでの精神科医を含む支援ではそれは実現できそうもないことを予想させ、「自分のこと」を考えたいという主訴となって医療以外の場に来談していることである。Aは、仕事で成功している限り、孤独や不安といった内的苦しみや、支援といった関係性への希求とは無縁の生き方をしていたのではないか。また、A自身、四年間の投薬・休養といった治癒の（元に戻る）希望を持たせる処方のくり返しが自己喪失の危機を招いていることを察してもいるようだ。さらに、医療、家族、会社から見放されたことに対する怒りは来談に弾みをつけているようだ。

ただ、これらの希望、失望、怒りの方向は、以前の「見返してやる」というものとは異なっている。その方向は、忍耐や闘争といった強さの発揮ではなく、自己の内なる資源や自分らしさの再評価と再発見に向かう可能性がある。「自分のことを考える」を支援することで、元の自分に戻るのではなく、未発達の自己や自分らしさの発見につながり、自己再生が可能になるだろう。

二　治療目標・計画

以上のアセスメントから見えてくるクライエントが目指す目標、適応状態としては、英雄自身の主訴である自己理解の支援を行い、自己再生を目指すことになる。

上記の目標に向けた実際の面接作業・働きかけとしては、冒頭に述べた筆者のアプローチのなかの「②ＩＰ（クライエント）の症状や問題を維持する関係性のメカニズムに介入する側面」を中心に介入する。具体的ポイントは次の四点になるだろう。

①A自身の「自分のことを考える」という主訴を大切にし、カウンセラーから受けとめられ、共に考えていくことで自己受容を進める。

②Aの苦しみや努力、そして成功のなかに潜むレジリエンスの表現に注目し、持てるリソースと能力の発見による自己再生と周囲との関係性の回復を支援する。
③失敗体験が話されたときは、やりとりを具体的に描写してもらい、関係性のなかで起こっている葛藤や自分の反応のうちで、何が失敗となっているかを再検討し、再評価する。たとえば、夫婦「夫婦げんかが絶えない」と言われたとき、夫婦げんかのやりとりを描写してもらうと、夫婦関係のありようや互いの望みや失望、思いなどがわかり、関係改善の糸口が見つかる。
④症状や問題をめぐって会社や医師とくり返される問題、あるいは妻との固着したやりとりがあるときは、連携や協働作業も考慮する。

アセスメントから治療計画へ、ケースにそって一考した。

八　家族療法を中軸とした統合的セラピーの試み

はじめに――統合的セラピーへの個人的関心

私は、一九六〇年代の後半に大学のカウンセリングセンターで青年期のカウンセリングを始めました。多くの皆さんがそうであるように、臨床の実践初期は、ひたすら自分が学んできた理論と技法をいかに実践の中で生かすか、いかに学びを実践に結びつけるかに必死になるものです。換言すれば、頭でわかっていることと実践がつながらず、自分のつたなさに一喜一憂しながら、自己の能力の向上に努める時期です。

ところが、臨床実践を初めて一〇年を過ぎると、自己の未熟さに気づき続けることは変わりませんが、同時に自分の活用している理論技法がすべてのクライエントに十分か否かという疑問にぶち当たります。特に、自律と自立の問題を抱えた学生相談という青年期臨床では、生理と病理の間を広くとらえた臨床が必要であり、自己の追求する臨床モデルではカヴァーしきれない問題や症状があるのではないかと考え始めることがあるのではないかと思います。つまり、自分がバックグラウンドとし、よって立つ心理療法の理論は多様なクライエントに対して有効に働いていないのではないかと疑問を持ち始めるのです。

おまけに、一九七〇年代から一九八〇年代に青年期を送っていた学生たちは、大学の大衆化と大学紛争に象徴される青年の政治参加など、時代の波の中で、さまざまな問題と症状を訴えるようになりました。一言でいうと、青年たちの「大衆団交」と呼ばれるエスタブリッシュメントに対する反抗のエネルギーとその大きな挫折のあと、青年たちはボーダーライン（現在の境界性パーソナリティ障害）と呼ばれる新たで、一筋縄では対応しきれない不可解な症状や問題を提起し始めました。

一方、その時代は、世界的に心理療法の乱立の時期でもありまして、先を争って新しい心理療法の理論・技法が生まれ始めました。それらはたとえば、交流分析、論理療法、ゲシュタルト療法などで、次々に日本でも紹介され始めました。そのような動きは、実践で迷っている者にとって、より有効な技法があるのだろうかという迷いを生み、それはあとでわかったことですが、アメリカでも同じ様相を呈していたようでした。

私自身は、目前にいるクライエントの症状や問題に有効なセラピーの理論技法があるのであれば、それを知らないわけにはいかないという心境で、開発者が日本で開くワークショップなどにも、目ぼしいものには出席していました。その中でも特に理論として魅力を感じたのは、たとえばゲシュタルト療法でした。また、比較的早い時期に、理論と技法の折衷的活用といったことを考えたり勧めたりする人々もいて、心理療法の世界が広がり複雑になっていきました。その点で、折衷と呼ばれていた動きがやがて統合という言葉に集約されていった様相を同時進行で体験していました。

ただ一九八〇年代に入って、青年期臨床の難しさが、経済的豊かさといわゆる青年期の延長と呼ばれる成長の遅れの問題を伴うにおよび、私自身の関心は学生と家族の問題に向かい、研究休暇を利用して家族療法の習得を始めました。ここから私の家族療法への関心は、家族システム理論を援用した心理療法の統合へと向かうことになったのでした。

一　心理療法統合の必要性と統合の試みの経緯

1　心理療法理論・技法統合の背景

①心理療法理論技法の乱立

心理療法の統合の試みは、一九七〇年代の心理療法の乱立による心理療法実践家たちの必要性から生まれました。

さまざまな理論技法の乱立は、実践家にとってうれしいことであると同時に迷いを引き起こします。特に乱立による学派間の「冷戦」とも呼ばれるような争いは、理論の創設者たちには切磋琢磨になっていたと思われますが、弟子や後進者の第二世代にとっては、自由を縛ったり、迷いを生んだりすることにもなりました。特に初期のころは、異なった理論・技法の信奉者たちは、互いに交流することもなく反目しあい、創立者以外の実践家たちは密かに、あるいは堂々と他の理論・技法を学ぶようになっていきました。

②単一理論・技法による実践の不十分さ

やがて二代目三代目の人たちは、先ほど私が体験したと同じような体験の中から、単一理論、単一技法では、実践上十分な働きができないことに気づいていきました。第一世代の創唱者たちは、たとえば精神分析を他の理論技法と競う形で洗練させていくことにエネルギーを注ぐか、新たな理論技法の開発に向かいますが、それには満足しない第二世代、第三世代の人々が出てきたということです。特に一九八〇年代の初めには約四〇〇の心理療法理論と技法が存在するに及んで、新しい理論の創造に疑問が生じたこともありました。

加えて単一理論の実践という考え方は、現実的でないこともわかったのです。「自分は〇〇療法をやっています」と言っているセラピストが、果たして純粋にその理論技法だけを実践しているかというとそうではないという現実です。多くの実践家は、純粋に唯一の理論技法を実践しているとは限らず、単に無意識に他の方法を取り入れていたり、他の療法の理論・技法に無知だったりすることもあるということです。

③SEPIの設立

そのような動きの中で、意識的に諸理論と技法をきちんと学び実践に生かしていた人々は、一九八三年に北米で、統合を追求する学会を設立しました。それがＳＥＰＩ（Society for the Exploration of Psychotherapy Integration）です。設立は、それまですでに心理療法理論・技法の共通性や類似性、効果の比較検討などを行ってきた人々によってなされ、統合に関心ある人々がそれぞれの研究や実践を紹介し討論する学会として発展しました。一九九〇年には、Journal of Psychotherapy Integration（年四回刊行）を創刊しています。その学会の特に強調するところは、実践に有効な理論技法の整理統合であって、新しく統合理論を創造することではありません。彼らの主張は、「これ以上理論を創ってどうするのか？」というもので、いかに有効な統合を目指すかということでした。

またふり返ると、このような統合の試みはすでに一九五〇年代から始まっていたことも明らかになりました。過去の統合の業績をたどり確かめる作業が始まり、統合の歴史が明らかになっていきました。統合を考えた人々は、心理療法の実践家だったということも非常に大きな意味があると思われます。自分が実践していることをふり返り確かめる動きが統合につながっていったといえます。

④心理臨床の効果研究の促進と統合

それに拍車をかけたのが、心理臨床の「効果研究」です。北米では、Ph.D. ではなく心理学の博士 Doctor of Psychology（心理学博士 Psy.D.）という学位が出されるようになり、その学位を持っている人は、心理療法の研究、効果研究などに携わるようになりました。心理学博士の中には、リサーチができる心理療法家が数多く生まれました。

つまり、研究と実践をどうつなぐかということがPsy.D.の人々の関心になり、心理療法の効果研究が進みました。心理療法の理論・技法の乱立の中で、どの理論・技法がより効果をあげているかといった研究です。心理療法間の競争に決着をつける目的や、より効果を上げる心理療法を見定めて、大学院教育の中で何を学ぶべきかを明確にしようとしたわけです。

それらの研究の中で、心理療法の統合の動きに大きな影響を与えたといわれるのが、後に述べるランバート（Lambert, 1992）の研究、心理療法の効果研究のメタ分析です。心理療法の理論技法による効果の差はないことと、多くの心理療法には効果を上げる共通因子があることが判明したのです。

このランバートの研究は大変有名なもので、心理療法の効果についての研究から、共通に効果のある因子として四因子を導き出したものです。①効果が一番高い要素がクライエントのもつ資源です。それはクライエントの潜在能力や活用できる周囲のリソースです。私たちがエンパワメントと呼んでいること、つまりクライエントをエンパワーすることが重要だということです。それを引き出し活用できるようにすることで、治療効果の四〇％がカヴァーされるということです。

次が、②セラピストークライエント関係です。つまり、ロジャーズが重視したセラピーにおける「セラピストークライエント関係」の重要性が改めてクローズアップされました。その効果はセラピー成果の三〇％を占めるそうです。

③セラピーの技法が次です。逆をいうと技法が効果があるのは、セラピーの中の一五％だというわけです。

④プラシーボ効果ですが、これはクライエントの資源とも関係があると思われますが、心理療法がもっているプラシーボ効果です。つまり心理療法やセラピストに対するクライエントの期待や信頼感は、効果の一五％を果たすということです。

⑤ポストモダニズム・社会構成主義の考え方

統合には心理療法の世界からだけでなく世界観への問いが応援しました。「ポストモダニズム」とか「社会構成主義」と呼ばれる動きです。私たちの見ているもの、受け取っているものというのは、その人の文脈の中で「自分なりに」受けとめているわけなので、どれが正しいとか真実は一つだとかは決められないというものの見方の台頭です。つまり、万人に共通する真実はない、あるいは、人はみな自分の色眼鏡でしかものを見、理解することができないという問いです。人間は真実を求めて科学を発展させ、物事を追求しているかもしれないけれど、一人ひとりは独自の真実をとらえ、それに依拠して物事をとらえ、動いているということです。そうであるとするならば、唯一の真実や効果を求めて競争することの意味は何かということに行きつきます。違いを「競争する」ことの意味や違いを理解することの重要性は心理療法にも影響を与えたということです。

⑥現実的経済的要請

最後に統合を推進したできごととして、現実的・経済的な要請があります。北米では、「マネージドケア」といわれる保険料の支払い制限があります。疾病や治療による保険料の制限があり、治療の長期化が問題になります。保険会社が支払う治療費が疾病によって決まっているので、心理療法においても短期化、効率化が求められたのです。それはセラピーの効果研究、効果的統合的治療の大きな動因となりました。

ポストモダニズムと経済的要請は、人々がコラボレーションすること、異なった「真実」を生きている人々の間をつなぎ、そこに生まれる真実の追求が必要になっていきました。皆さんご存じのナラティブセラピーなどは、そのような動きとともに生まれたセラピーの考え方と方法です。

以上のような経緯で、ＳＥＰＩを始め多様な心理療法家たちが、ますます統合を目指すようになったということです。

2　心理療法統合の目的

以上のような経緯を経て、心理療法の効果、効率、適用可能性の向上を目指した理論・技法の統合が促進されましたが、統合の主たる目的は四つあります。

①心理療法の健全な発展

その第一は、心理療法の健全な発展のためです。先にも言いましたように、統合の目的は新しい心理療法を次から次へとつくること、いわゆる「レボリューション」（革命）を起こすのではなく、「エボリューション（進化）」を進めることです。つまりより広い臨床の対象・問題に効果のあるアカウンタビリティの高い、ユーザー・フレンドリーなセラピーの実践が重視されます。

「こちらの方がより良い！」という競争をしても意味がなく、クライエントにとって適した支援とは何か、ユーザー・フレンドリーな実践をどう追求し、探るかということです。心理療法の健全な発展とは、さまざまな言い方がされていますが、より良い理論・技法の追加ではなく、敢えて辛辣な言い方をすると、学者がヘゲモニーをとるための動きではなく、ユーザーにとって一番適切な支援をどうつくるかということです。ある人は本を売るために、「これが正しい」と主張しているが、それはばかげていると言い、「象牙の塔からの脱却」の必要性を強調して、健全な発展を促すことを目的とすることになりました。

②セラピスト自身の自己開示と自己管理

第二の目的は、セラピスト自身が相互に自己開示をし、自分自身のセラピーを管理することです。そのためには、内心一人で悩んでいたり、他の人のやり方に無関心であっては問題だということです。より意味のある効果的な方法は、学び合い、分かち合うことが重要で、その結果のセルフマネジメントがよりよい臨床のあり方につながるでしょう。

③「違い」の建設的な批判と相互交流

これは、私たちが必然的に持っている「違い」の建設的な批判と学びという目的につながります。「違い」を排除し問題視するのではなく、それを理解し新しい視点の獲得と建設的な視野の拡大に活用すること、そのための相互交流の必要性です。それはとりもなおさず、専門用語の異型同質性の理解と整理を導きます。たとえば、心理療法の比較研究を扱った著書の中には、行動療法で○○と呼ばれている技法は、精神分析で△△と呼ばれているものとほとんど同じであるとか、ある言葉で呼ばれている現象は他の療法では異なった呼ばれ方をしているといった検討がなされています。専門用語の「異形同質性」を理解していくことが大切なのではないかということになります。

年一回開かれるＳＥＰＩの大会に参加すると、こんな挨拶が交わされます。「あなたはどんな統合を考えているの？」「私は精神分析と認知療法の統合を試みています」といったものです。自分なりに自分の拠って立つところを明確にし、客観化しながらセラピーの向上を図るわけです。

３　統合の方法

統合の試みのプロセスの中で、どのような方法が開発されてきたかをまとめると、およそ四通りあることが明らかにされています。

①技法的折衷

問題や症状に応じて最適な技法を選択することで、さまざまな理論で活用される技法の中から、問題や症状に適した技法を「いいとこ取り」するということです。ただその方法は、勘でむやみにあれこれ取り入れるというのではなく、適切性を視野に入れて効果や方法を系統的に活用していくことであり、たとえば日本で紹介されている代表的なものには、アレン・アイヴィー（Allen Ivy）の『マイクロカウンセリング』があります。アーノルド・ラザルス（Arnold Lazarus）の『マルチモード・アプローチ』も、折衷的統合をまとめたもので、かなり広く系統的な技法の整理が行われ、訓練法も確立しています。

②理論的統合

数種類の理論を結合させたり調和させたりして、概念的に一つの理論を作っていこうとする試みです。その代表的なものが、ポール・ワクテル（Paul Wachtel）の『心理療法の統合を求めて』という本で、精神分析と行動療法と家族療法を統合したものです。ワクテルは、ＳＥＰＩの創立にかかわった中心人物でもあって、まず精神分析と行動療法の統合を試みて一回発表し、妻が家族療法家であったことも影響して、家族療法を統合した著書を著しています。

③共通因子による統合

先ほどランバート（Lambert）の研究を紹介しましたが、これは彼が発見した心理療法の効果研究から導き出された共通因子を中心にセラピーを考えようとする方向です。その共通因子は、①クライエントの持つ資源、②セラピスト－クライエント関係、③セラピーの技法、④プラシーボ効果で、それらを具体的にセラピーの中で活用する方法を示した著書に、ミラー（Miller）らの書いた『心理療法・その基礎なるもの』があります。

④同化的統合

最近一番人気があるのがこの同化的統合ですが、一つの理論を基盤に他の理論を整合性をもって同化していくという方法です。技法的折衷と理論的統合の結合したようなもので、基礎となる理論、多くの場合は自分が中核として大切にしてきた理論の文脈を重視しながら、他の心理療法の観点や技法、態度などを組み入れます。メッサー（Messer, S. B.）がこの同化的統合を提示した人ですが、彼が強調しているところは、概念的な適合性を検討して、つまりいいとこ取りとか、脈絡無くあれこれ使うのではなく、取り入れることです。さらにその結果、実証的な妥当性が証明するリサーチの必要性を主張します。同化するということは、結果的には「自分の理論を他の理論と調節することでもある」とも述べます。同化（assimilate）と調節（accommodate）という言葉は、ピアジェの学習理論の中の言葉ですが、それを理論技法の統合の方法として使っているわけです。自分の中に他の物を同化させることは、結局は自分の理論を他の理論に accommodate することでもあるわけでしょう。

このような統合の方法が生まれたことで、心理療法の統合を試みる人たちが自由になりました。自分の持っている基礎理論に、何をどう統合していくのかということを考えることができると見通しが立ち、検証が進めやすくなるからです。

ＳＥＰＩの大会に参加すると、同化的統合をやっている人が増えました。一方初めから統合の視点で大学院教育を受けている若い人たちもいて、議論は活発です。私がＳＥＰＩで居心地が良いのは、誰もどの理論も決してけなさないことです。熱心に議論には参加しますが理解に努め「〇〇理論がおかしい」といったことはなく、リサーチにしても実践にしても、活発な意見の交換で時間が過ぎることです。

4 北米における心理療法のアプローチ

ここで、北米における心理療法を概観しておきたいと思います。「サイコセラピーネットワーカー」という雑誌が、二〇〇七年に四〇〇〇人ほどの心理臨床家に対してアンケート調査をしています。この二五年間に、心理療法の理論がどのように受けとめられてきたかということに参考になる調査です。

「自分に影響を与えた心理療法家は誰か」というアンケートの結果です。順位を紹介しますと、一位：カール・ロジャーズ、二位：アーロン・ベック、三位：サルバドール・ミニューチン、四位：アービン・ヤーロム、五位：バージニア・サティア、六位：アルバート・エリス、七位：マレー・ボーエン、八位：カール・ユング、九位：ミルトン・エリクソン、一〇位：ジョン・ゴットマンです。

実はこれと同様の調査を以前にもやったことがあって、その時も一位はロジャーズだったそうです。アンケートの回答者のうち九五・八％が、折衷的なアプローチをしているということで、単一のアプローチのみを活用していたのは、四・二％だったとのこと。一番人気があるアプローチは認知行動療法ですが、他の技法も併用しているということでした。人気あるアプローチの第二位は、夫婦家族療法です。一〇人の中に家族療法家が四人いることは注目に値します。三位のミニューチン、五位のサティア、七位のボーエン、そしてゴットマンです。日本で同様の調査をしても、家族療法家がこんなに入らないだろうと思います。

二　家族療法の統合的視点

家族療法に精通した方は、これからお話しすることは聞きあきていらっしゃると思いますが、家族療法を知らない方には、私が家族療法をどのようにとらえているかについて簡単に述べたいと思います。

私は、家族療法の理論・技法は非常に統合的で、特に心理療法の理論と技法の統合に役立つと考えています。それは、①生態システムの相互作用の理解が可能なこと、②多様な心理療法の理論技法のシステミックな統合が可能なこと、③セラピストの位置づけ、ありかた、方向性が明確なことです。

1　家族をシステムとしてとらえる

ここで、いきなり生態システムについて話すのは、いかにもマクロな話だと思われるかもしれませんが、生態システム全体の相互作用の中に、心の動きもあるととらえることで、人間の相互作

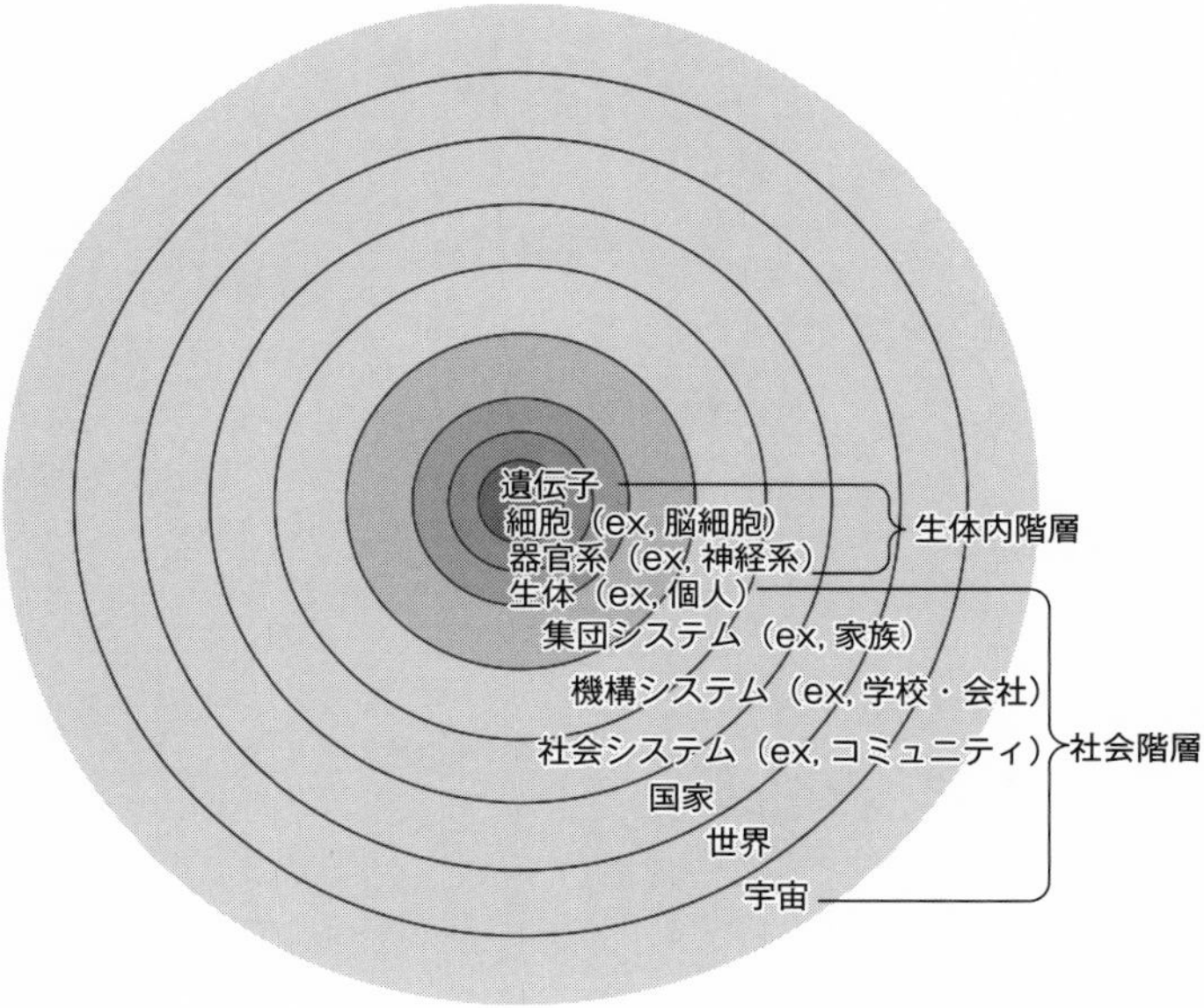

（Becvar&Becvar 2004 を簡略化）

図１　人間を取り巻く生態システム

用、心理療法の多様な理論の位置づけ、ひいてはセラピストの位置づけと視点が明確になります。

まず、図１「人間を取り巻く生態システム」と図２「生態システムの中の人間・家族」を見てください。

人間は図１のように、宇宙の中の地球という世界に生きていますが、人間を中心にその様子を描いてみると、幾重にもなる階層の一部として存在していることがわかります。この様子を少し詳しく見ると図２のようにも理解され、上から二番目の楕円は一人の人間（個人システム）になります。システムとは部分が集まって、相互作用して、一つのまとまりを作っ

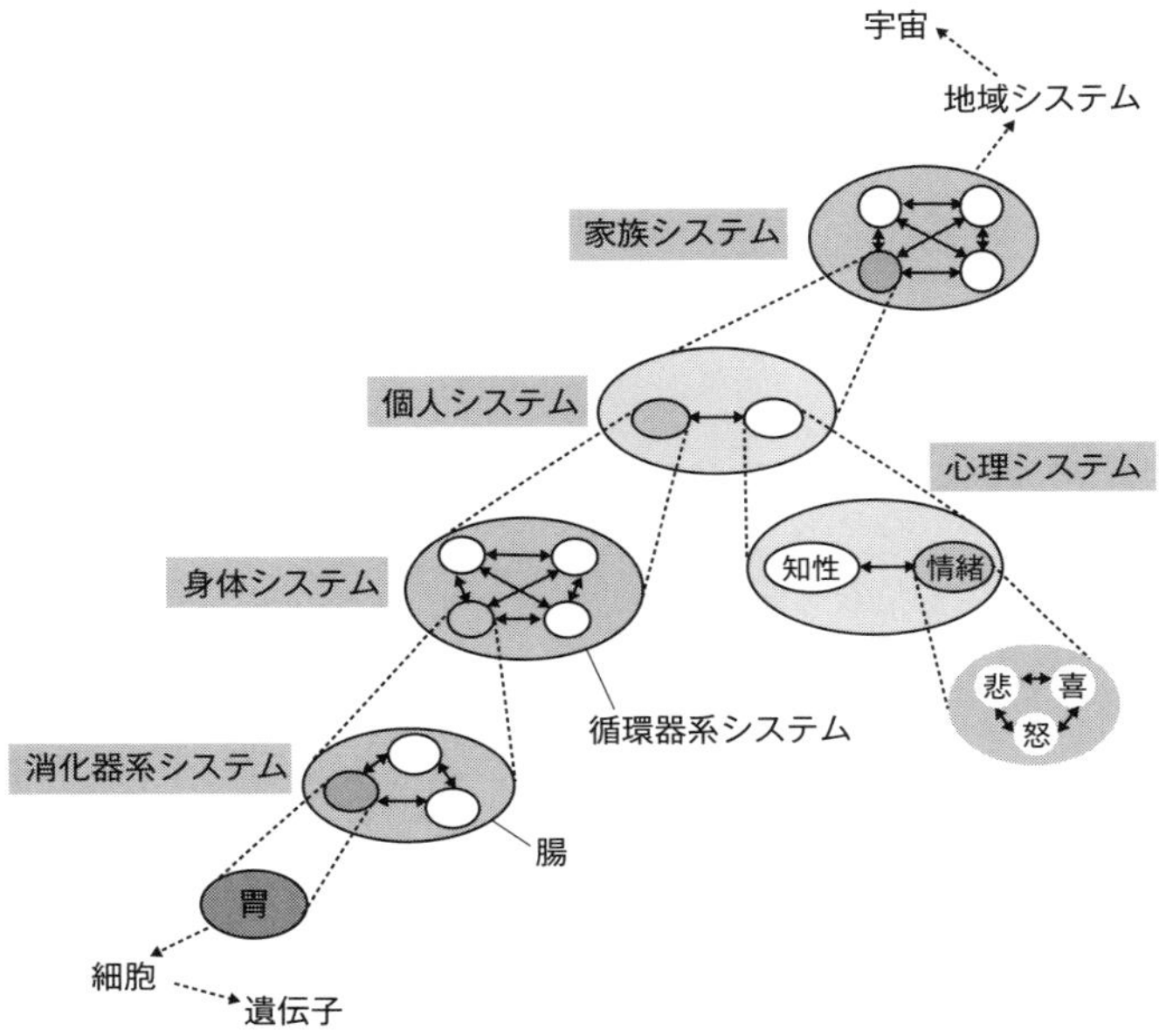

図２　生態システムの中の人間・家族

ていくものと考えますので、一人の人間はさまざまな部分から成り立っているととらえることができます。仮に人間は二つのシステム（身体システムと心理システム）から成り立っていると仮定すると、心身の相互作用システムで成り立っていることになります。仮に心理システムを知性システムと情緒システムで成り立っていると考えると、情緒システムには、喜怒哀楽などのサブシステムがあることになります。身体システムはかなり明確になっていますが、さまざまな器官系によって成り立ち、各器官系はまた小さく分かれて、たとえば消化器システムには胃・腸などがあり、その下位システムは遺伝子までつながっています。またそれぞれのシステム内、システム間では限りなく相互作用があります。その人間が属している上位システムの一つが家族です。家族は地域社会に属し、地域社会は県に、となって、図1の宇宙にまでつながっていくわけです。もちろん家族システム内でも四人は相互作用していますし、限りない上位システムとのつながりを持っています。システミックな見方とはこのように物事をとらえることです。

換言すれば、システミックなものの見方をすると、人々の問題や症状が相互作用の中で起こっていること、多重な相互作用を想定すると問題を固定化してみたり、原因を追求したりすることが不可能だということが理解でき、逆に心理療法の介入はシステムのどこに向かっているかをメタの視点から見るということでもあります。

2　心理療法をシステミックに統合する

私たちの存在をシステミックな見方でとらえると、多様な心理療法の理論・技法もシステミックに統合できます。その見方を簡単にイメージしたのが前述（一四頁）の図3です。これは私が描いたイメージで、心理療法がシステムのどこを対象としたかという簡略図です。

中央に位置する大きな楕円の二つは人間を表していて、Aは一人の人間の内的な世界の動きを示します。一人の人の心理内的力動の部分で、既存の刺激と外から受けた刺激が相互作用して、何らかの反応を出していると考えます。Aの領域は、内省的な心理療法の理論が解明してきたところです。代表的な理論は精神分析でしょう。図の中のBの領域を研究してきたのは行動療法です。つまり、刺激と反応の関係の研究とその応用です。ところがAとBの相互作用は個人を中心とした心理療法において、問題や症状の理解と解決に役立ってきましたが、それだけでは不十分なことがわかって、関係のところで起こっている問題に関心を持つ人たちが注目したのがCの領域です。つまり、AとBを他者との相互作用の中で見ると、刺激と反応は人間間の循環的・円環的な相互作用になります。

このように見てくると、家族療法は人間の継続的相互作用の問題や解決を考える手がかりを与えてくれます。同時に、内省心理療法、行動療法、家族療法、集団療法など、理論だけでなく形態の統合も可能にしてくれる考え方の基礎になります。さらに相互作用の視点は、クライエントとセラピストの相互作用の理解にもつながります。

心理療法とは、このような相互作用の世界がそれを取り巻く環境との相互作用の中で、そして時間の流れの中で展開されることです。

3　相互作用システムの中のセラピスト

その結果、心理療法とはセラピストが一方的に支援介入するものではなく、個人療法でも個人の背後にいる家族やその他の人々の相互作用も含めて変化が起こるのであり、一方セラピストも自身の家族や属する機関との相互作用で支援が行われていることになります。つまり支援システムは、たとえ一人との面接であっても、家族全員の相互作用にかかわっているのであり、それ抜きに変化や治療は考えられないということです。多世代理論の家族療法家のナージ（Nagy, I.）は「これから生まれる人にだってかかわるのだ」と言っています。相互作用とは目に見える世界だけで起こっているわけではなく、セラピストの位置づけそのものがコラボレーション以外の何ものでもないということになります。

そのため家族療法は「関係療法」とも言われていて、先ほど示したCの世界、関係を中心として変化を支援します。関係に変化が起こると、相互作用がさまざまに広がっていき、それは個人の内面の変化にも家族全体の変化にも及ぶと考えるわけです。

三　家族療法中心の統合的セラピーの試み

それでは、次に私の家族療法を軸とした統合的セラピーの考え方について紹介したいと思います。これは先ほどの統合の方法の中で述べた同化的統合の一つです。臨床の主たる基礎理論を家族療法において、家族療法の中でも特に多世代理論、つまり歴史的な視点、時間の経過を視野に入れた理論に依拠しながら、概念的に整合性があり、実践上も妥当性がある試みです（cf. p.154 図３）。

1　個人の心理力動を関係の文脈でもとらえる

まず、個人の心理的な力動を関係の文脈の中でとらえようとします。個人内力動だけではなく、実際にかかわっている人々との関係の中で理解しようとします。特に頻繁に継続的にかかわっている人々の関係がつくる固定化した循環や問題を理解し、かかわりの変化によって問題を解決する方法を採っていきます。一般に個人の「問題行動」や「症状」は、家族の機能や安定を脅かし、壊そうとしていると理解されがちですが、家族療法ではリフレーミングという技法に代表されるように、それは関係の維持に適ったものであると考えます。月並な言い方をすると「誰もが自分と家族のためを思って動いているのであり、問題も症状もその表現の一部だ」というわけです。

相互作用（interact）する中では、そこにかかわる人々が無意識に作り上げる問題が生じます。たとえば、個人のうつという症状であっても、それは相互作用の中で維持される部分があるととらえるのです。個人の体質や気質の問題とそこにかかわる人々の相互作用は、ある種の悪循環をつくり、症状をより重くしたり、維持したりすることがあるというわけです。もう一つの視点は、個人の特性といった傾向は多世代の歴史の中でもつくられていくということです。つまり問題の生起と維持は、現在かかわっている家族の関係だけでなく、親やその親の世代との関係でも引き継がれ、過剰な負荷や不公平な責任を負わされていくことがあり、それを必死に負っている人の心をいやし負荷を軽くすることもセラピーの目的だと考える視点です。この考え方は、問題や症状についてある家族メンバー一人を責めたり非難したりすることなく、だからと言って過去の親子関係や世代間の葛藤などを原因として過去を理解するのでもなく、誰もが歴史を生き、さまざまなかかわりの中で何らかの問題が起こることを自然なこととして、個人の責任を追及するのではなく、非難や責任から解放するための視点でもあります。

2　セラピスト・システムとクライエント・システム

統合の視点の第二は、クライエントが一人であろうと数人の家族メンバーであろうと、セラピストはクライエントをクライエント・システムの一部として理解します。家族はその最も近いシステムですが、そのほかにもクライエントは職場に属していたり、学校に属していたり、趣味の仲間の一員であったりします。したがって家族療法を中心とした心理療法では、問題や症状を持った人ＩＰ（Identified Patient）は、クライエント・システムの一員としてとらえますので、不登校という主訴を持ったＩＰの場合、その中には家族はもちろん、源家族（出生家族）や担任の先生、校長など、問題にかかわりがある人々が入ります。その中で、ＩＰが症状や課題を持つことが、どのような意味があるのだろうと考えるわけです。

また、セラピストもさまざまなシステムの一員であり、特にセラピーにかかわるセラピスト・システムには、スーパーヴァイザーや他のセラピスト、家族療法チームや他機関の専門家などが入るでしょう。この中にはセラピストの家族も入る場合があるでしょう。統合の視点から見ると、セラピーの中ではシステムとシステムの相互作用が視野に入っていることが重要で、それぞれのシステムの相互作用によって、セラピーは進んでいるのだと考えます。

たとえば、セラピスト・システムの問題としては、働きにくい職場にいるか、サポート体制が整っているかで、セラピストの機能がどれほど果たされるかに影響があるでしょう。家族や学校との協働が必要だといわれるゆえんは、クライエントが相互作用しているシステムもセラピーの進行にかかわっているからです。

3　セラピーのプロセス

統合の第二の視点は、セラピーの焦点をどこに定めるかということです。セラピーは、その理論によって問題のどこに焦点を当てるかに違いがあります。この統合的介入では、セラピーの焦点を「今・ここの問題」から「未来へ」必要ならば「過去へ」と移していきます。また、クライエントの希望を取り入れながらも「関係の問題」の理解と変化を重視しそこから個人へと進めます。ということは、意識されている問題から無意識の問題に進むことになります。

基本的な方向をこのように定める理由は、最近の心理療法の短期化と問題解決志向を取り入れていることによります。解決志向療法や認知行動療法のメリットはセラピーの具体性と短期化であり、セラピーがクライエントが意識して取り組むことができるところから始まるところです。その点で、関係の問題はクライエントが意識しやすい問題でもあり、必然的にいま述べたプロセスが生起することも多いのです。

またもう一つの理由としては、セラピーで訴えられる症状とか問題のうち約八〇％は人間関係の問題だということです。人間関係の問題は意識しやすく具体的でもありますし、その問題を未来に向かってどう解決するかという方向は、クライエントにとっても自然な流れであることが多いと思われます。

4　位相の選択（図3参照）

位相という考え方は私の発案なのですが、心理療法にはいくつかのフェイズ（phase）がありますが、主訴・問題によって上記のプロセスの選択にしたがって、具体的にどの方向に向かって心理療法を始めるかを決めていくことを言います。心理療法の入り口と方向の選択ということもできるでしょう。位相を選択する理由は、クライエントの主訴とセラピストのアセスメントをどう統合するかということとかかわってきます。クライエントの意識のレベルで訴えていることとセラピストのアセスメントは必ずしも一致しないことがありますが、それをどう統合し伝えるかということが、位相の選択にかかわってきます。換言すれば、心理療法の目的をどの位相で合意するか、主訴と見立てを治療契約につなぐためのセラピーの方向をとりあえず決める選択肢でもあります。

システムの相互作用の循環とコラボレーションの視点から、クライエントにとっても納得する介入の位相を選ぶことを考えようというわけです。

位相Aとは、ここから始めるという順番ではないのですが、今述べた考え方に一番近いのが位相Aからの介入です。家族関係の問題が主訴になっている場合は、今現在、相互に作用しながら生活している家族関係の問題の明確化をし、その問題の解決に取り組むことになります。問題、方向性を解決する方向で治療契約を結び、セラピーを開始します。主訴や問題が解決すれば、セラピーは終了します。ここでは、認知や行動や関係の変化による問題解決が生まれるでしょうし、そこでは面接の他に心理教育やスキル・トレーニング・宿題の活用なども行われるでしょう。

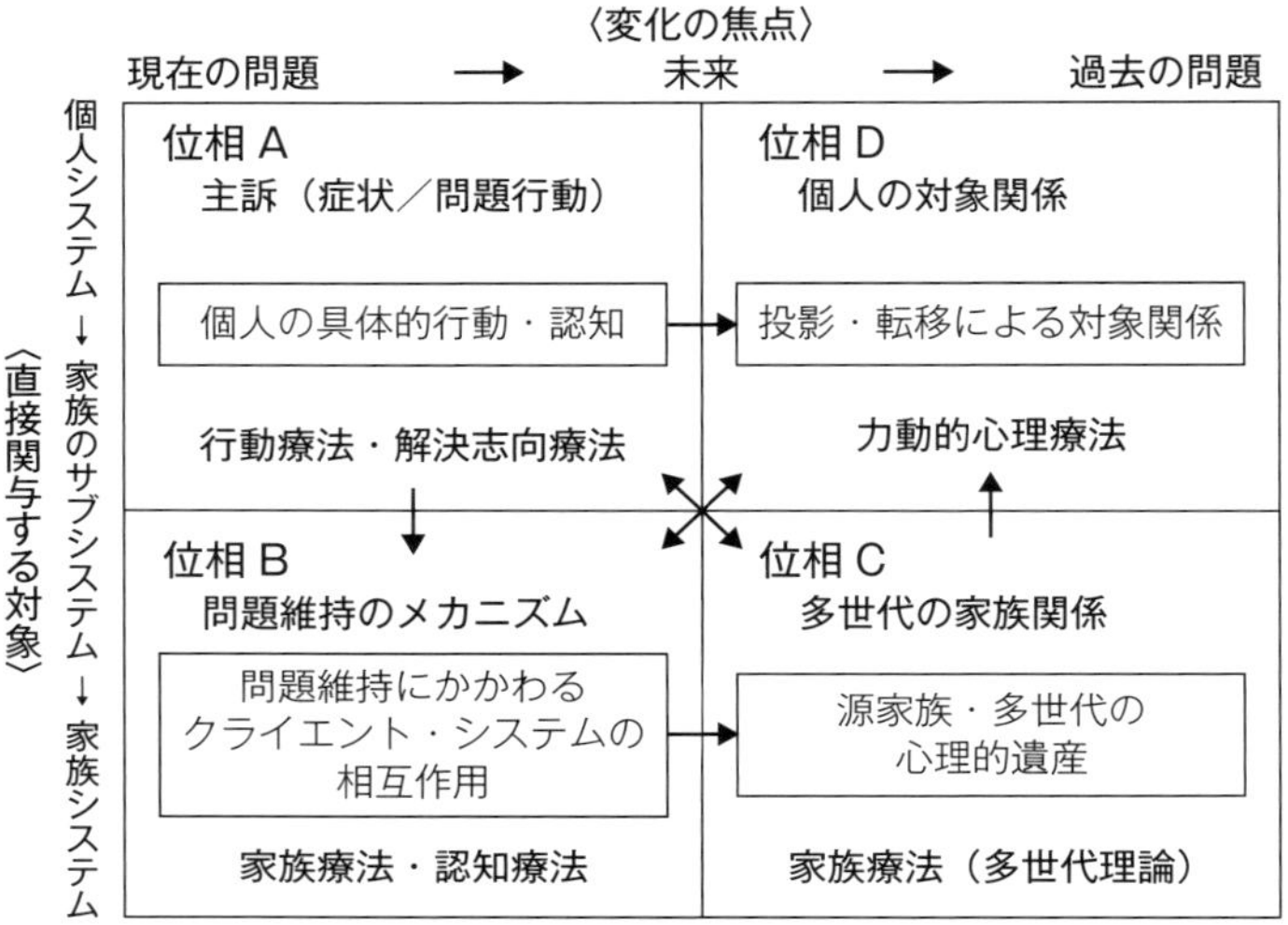

図３　位相選択の目安となる問題と対象

もし、それで解決されそうもない場合は、その他の位相を選択するとか、他の位相へ移動するとかになります。位相Bの選択は、特にクライエントが意識していない「問題維持のメカニズム」がある場合に考慮します。つまり、循環的な相互作用の中で問題が維持され、ときにはエスカレートして相互作用そのものが悪循環に陥っている場合です。家族の関係とか構造、コミュニケーションなどがうまく機能してないと思われる状況があるということであり、関係のメカニズムを変えることが重要と考えられる場合です。そこでは、問題維持のメカニズムを探り、それに気づき、変化を起こすことを目指すのがこの位相における取り組みになります。

位相Cは、問題解決に世代的な視点を取り入れようとする場合です。クライエントたちの中には世代的なことに関心がある場合がありますが、多世代の関係の問題を織り込んで問題理解をすることで認知や行動、関係の変化が起こることを考えようとするわけです。「今・ここ」の問題から「過去のあそこ」の未解決な問題の改善が導き出されることで、現在生きている三世代の関係が改善することになります。それらの中には、心的外傷体験やナラティブ・セラピーで言われる dominant story に縛られた自己や家族の発見、不都合な生き方の変化などを考える位相ということもできます。癒しやとらわれ、縛りからの解放によるオルタナティブ・ストーリーの生成を目指す位相ということもできるでしょう。

関係のところで問題が解決しない場合、つまり個人の過去の対象関係の問題が現在のかかわりに投影や転移の問題として深くかかわっていると思われる場合は、位相Dを選びます。つまり、内省を中心とした個人セラピーの導入です。特に統合的なアプローチでは、個人力動（内的対象関係）と家族力動（顕在的対象関係）の問題を採りますが、それは単なる親子関係の問題としてではなく、早期の経験がその後に出会った他者、社会的・文化的環境によって強化され、維持されてきた過程として理解し、無意識のプロセスを意識化する支援が含まれます。このプロセスは、家族療法家ボーエン（Bowen, M.）の言葉を借りれば、自己分化（自立）の促進のプロセスでもあります。

先にも一言触れましたが、この四つの位相は、面接の初めにどこから始めるかの選択肢の目安であり、AからDへと進むわけではありません。問題やセラピーの進み具合によって選択があり得て、重要なことは、セラピストがどの位相の作業をやっているかをある程度意識していることでしょう。

四　統合的介入の今後の課題

統合を考えている人たちは、四つほど今後の課題を提示しています。

1　形式の異なるアプローチの統合

これまでの統合は主として個人療法の理論・技法の統合でしたが、それだけではなく、形式の違うアプローチを統合しようということです。今、私が述べた統合はその一つですが、家族療法と個人療法、面接とテスト、プレイと面接といったものの統合です。

2　心理療法を越えた統合

心理療法内の統合だけではなく、他のアプローチである医療やソーシャル・ワーク、教育などとの統合です。特に医療の世界では、不妊治療や歯科医療、ガン治療などに、心理療法だけでなく多職種の統合的アプローチが必要になってきています。

3　多文化の統合

アメリカの場合、特に強調されていることですが、多文化をどう統合していくかということです。文化の違いが理解と相互作用を困難にし、それによって起こっている問題は、単なる家族関係だけでなくコミュニティの問題、国と国の問題へと拡大しています。それらを視野に入れたアプローチの必要性は強く意識され始めています。

4　スピリチュアルな世界との統合

さらに、心理療法の世界はトランスパーソナルな世界やスピリチュアルな世界を無視することができなくなっています。孤独や死に直面したときの癒しは、その世界にしかないこともあり、そこへの広がりの中で、孤独や痛みを乗り越えることがあること。スピリチュアルの世界も視野に入れたセラピーのアプローチは、すでにいくつか開発されており、統合が、志向されうるということです。

心理療法の統合という考え方が、皆さんの心理療法を考える上で、参考になったらうれしいと思いながらまとめてみました。

第Ⅱ部　臨床現場で活かすカウンセリング・スキルのコツ

九　人と人をつなぐ心理学

私は心理療法の中でも家族を念頭においた心理臨床、家族療法を中心に実践と教育を行っております。一対一で面接をしていても常に視野を広げて、目の前に来談している人の向こうには家族がいたり、地域社会があったり、学校があったり、職場があったりする、家族療法とは人はさまざまな人々との関係の中で生きていることを大切にする心理療法です。人は独特の人間関係の中で、躓いたり争ったりして、関係の中で問題を作り、また解決して生きていくのだと思います。今日は、家族療法の観点からの話です。

特に今日は「人と人をつなぐ」ことがテーマですので、家族療法の観点から見た人々のコミュニケーションの話をすることになると思います。臨床のテーマのほぼ八〇％は人間関係の問題で、しかもそれはコミュニケーションの問題といってよいと思われます。私は、アサーション・トレーニングと呼ばれている自己表現のトレーニングをしていますが、今日の話のバックグラウンドには、アサーションの考え方があることもお伝えしておきます。

講演の概要ですが、まず心理臨床の現場から社会の危機を見ます。心の問題とか子どもたちや大人たちが訴えている症状は何を意味しているのか、それは本人の危機だけではなく社会の危機を訴えているように見えるということです。

次に、その危機を乗り越えるために、支援の一つである心理臨床の考え方からどのようにアプローチすればよいかについて考えてみます。

三番目に、私たちは危機に陥ったときたくさんの修復の作業をするわけですが、修復の作業をする前に危機に陥らないようにするにはどうすればよいか、健康な状態を維持するにはどうすればよいかを考えます。おそらく、ここには人と人のつながりがかかわってくると思います。

そして最後に、人が一人の人として個性を持って生きながら親密な関係を持つことについて考えてみたいと思います。つまり関係の中で自立して生きることは実はとても難しいことなのですが、絆やつながりが鍵だと思いますので、コミュニケーションのことを考えてお話しできればと思います。

一　心の健康の危機を訴えている家族

まず現代の心の危機を訴えている子どもと大人のことについて、私が考えていることをお伝えします。心理臨床の現場にいる私たちは、次のような状況によく出会います。

1　子どもの心理的症状・暴力的行動に見る怖れ、怒り

子どもがカウンセリングの場で訴えている心理的な症状や問題は、何を意味しているのでしょうか。多くの場合、子どもが症状や問題を訴えると、周囲の親や先生たちが気づいたり心配したりして子どもを連れて、あるいは子どものことで来談されます。その子どもたちの表現は大まかに二種類に分けられます。

心身の症状にみる〈ひきこもり現象〉

一つは、心身の症状として表現されるものです。眠れない、食事をとらないなど、拒食症、肥満、不登校、ひきこもり、ニートなどの症状となって現れています。生活や活動の現場から引き下がる、退却する形の訴え方といえるでしょうか。つまり、ひきこもりに象徴されるように「私はこの世の中に居る場所がなく、探せないし出ていくこともできないので、今居る場所にじっとしています」ということです。ひきこもりの人々はいかにも怠けているように見えますが、「この世のどこにも私の居場所はないような気がします」と訴えています。これは子どもにとって護られ、育まれる場がないことであり、無力な子どもが安全で唯一の居場所となる家庭や学校で受けとめられず、傷つけられ排除される体験をしているということです。彼らは、どこかに出て行くことに怖れと不安を感じ、再び傷つかないように、さらに居場所がないことを体験しないように冒険ができないのです。

さまざまな症状として違った形で表現されていますが、退却することでようやく自分の安全を守っている子どもたちの心理が身体化されていると考えることができます。

暴力化に見る言語化できない怒り

もう一つは怒りとか苛立ちの形をとっています。いじめとか低年齢化した暴力や非行、殺人などの表現です。一見、理不尽なルール違反を行動化しているように見えますが、本心はひきこもっている子どもたちと同じようにこの世に居場所がない、不快でストレスに満ちていて、家庭も学校も安心できない、どこかに居場所を作ってほしいという訴えだと受けとれます。それは「どうして居場所をつくってくれないのか」と激しく外側に問う形で訴えており、言語化できない苛立ちや怒りがいじめ、非行、はげしい暴力となって行動化されていると思われます。

無意識のところで、悪いことでもしないと誰も自分の方を向いてくれないと思っている可能性もあります。攻撃的な行動をすることによって関心を引きつけ、自分の問題、寂しさや居場所のなさを訴えているのです。引き下がる人たち同様、表現の仕方はさまざまです。また、怒りの対象とか苛立ちの対象は的を射ているとも限りません。秋葉原の事件(注※)のように、まったく身に覚えのない人たちが無差別に八つ当たりされる場合もあれば、長い間黙って耐えていた人がいきなり恨みの相手を殺害するといったことも起こっています。子どもたちの訴えは、社会全体に向かっていると受けとめる必要があります。

このような内向きの退却と外向きの怒りの表現の違いは、その子どもの個性と環境の組み合わせによって起こりますが、基本的には「引き下がるしかない」という訴え方か「これはおかしいじゃないか」という訴え方の違いがあるだけで、大人の世界に対する言語化できない思いの身体によるSOSという共通性があると思われます。その人がそれまで生きてきたプロセスで獲得した表現の仕方であり、心理療法を実施する場合は、その子どもに相応のアプローチが必要です。

2　課題達成社会がもたらす子どもの成長の遅れ

二つ目の子どもたちの危機は、表面的には大きな問題とは受け取られないかもしれませんが、今まで述べたことと関係があると思われます。

子どもも大人も「違い」に対して不寛容になり、違いを理解しようとしなかったり、無関心になったり、排除しようとする結果、相互理解が成り立たず相互支援や相互尊重も欠如していくことです。「違い」を「間違い」にしてしまうことで、自信喪失、孤立化が起こっています。

人間関係の希薄さが招く成長の遅れ

たとえば、みなさんは当たり前のことができない子どもが増えたといった印象を持っていて、子どもの成長が遅れていると感じているかと思います。いつの時代にも、大人は「最近の子どもたちは」といった子ども批判をするものであり、時代の問題ではなく世代差の問題かもしれないのですが、

注※秋葉原の事件とは、二〇〇八年（平成二〇年）六月八日に東京都千代田区外神田（秋葉原）で発生した通り魔殺傷事件。七人が死亡、一〇人が負傷（重軽傷）した。秋葉原無差別殺傷事件と呼ばれる。

それでもたとえば、世界で学力の比較をすると、日本の順位がどんどん下がっているとか、コミュニケーションが下手になっているといったことが見えます。人が気楽に受けとめ合えるような関係が結べず、家族内の接触も少ない社会では成長は遅れ気味になります。赤ん坊は抱っこしてあげないと成長が著しく遅れるとか、声かけがない家庭ではコミュニケーション能力が育たないといったことがありますので、成長の遅れはありうることです。

マニュアル依存の中で進む創造性、個性の欠如

この現象は、子育てが省力化されたことと同時進行的に子育てが課題化したこととかかわりがあると思われます。課題や成果を求められ、競争が激しく勝ち負けでものごとの価値が決まるような社会では、課題を達成し成果を上げる人が大切にされることになりがちです。速く、たくさん、完璧にものごとをすすめることが重視される場では、人間関係が軽視され、要求される課題に取り組むことが優先されます。

明治生まれの親に育てられた私と現代の若者とでは、全く違う経験をしていることが想像できます。どっちが良いとか悪いとか言うことはできませんが、私はマニュアルを読んだり頼ったりするのが大嫌いなのですが、若い人はマニュアルが頼りであり、ないと不満です。私たちの世代は、いろいろ工夫してうまくやるとか新しい方法を発見するといったことをよしとしてきたところがあって、その余地がないコンピュータは便利ですが苦手です。逆に若者たちは、パーティのすすめ方、勉強の仕方などでもマニュアルを欲しがります。若者にとって当たり前のことに抵抗がある私

たちの年代には「どうして速くたくさん、完璧にしなければならないのだろう?」という疑問がわきます。

マニュアルがなく人々が試行錯誤でものごとをすすめることは、確かに能率が悪い作業です。しかし一方で、人が人から習ったり、アドバイスを受けたりする過程がある職場や家庭では、画一的で能率の高い作業はできないかもしれませんが、工夫のプロセスの伝授やかかわりがあります。今でも匠の世界では不可欠な価値観や技の伝授、苦手の克服法や知恵の伝達などがありますが、そこには関係があります。マニュアルがないとき、わからないことを尋ねようとしないで自己流にやってしまう新人が多い現代は、観察したり先輩に尋ねたり、教えてもらったりする社会では、知恵の伝達やかかわりがなく機械のように人々が使われていくことになります。その結果思い通りに動かない人間に苛立ったり、怒りをぶつけたりすることにもなります。IT化の進んだ社会の人々のこのようなかかわりは、「違い」に不寛容になり、結果的に自分らしさや個性を確立することを阻害します。みんなが同じように、同じことを好むとかできるとかが重要になると、そうでない個性ある人が落ちこぼれになる可能性もあります。

心理学では、子どもの成長にとって欠くことのできない時代として、チャム（chum）の関係があるといわれますが、そんな関係もなくなりつつあります。チャムというのは、仲間同士が同じであることを認め合って一体感を味わい、確かめ合う関係で、このような体験を通じて仲間がいることに安心感を覚え、親との違いを認識していくことになります。そのようなチャム・グループがあることは、将来この仲間と生きていくことができるという成長の支えになります。たとえば、野球のチームでも強い人たちと弱い人たちでは違いがありますが、それぞれのグループで同じ思いを分かち合う人がいることで支えられるわけです。中学時代は、同じ趣味、同じサークルなどの仲間がチャム・グループになります。

少し大きくなるとピアの時代、ピア・グループが大切になってきます。ピアとは、一人ひとりを自立した個人として認め合いながら、共存していこうとする仲間関係です。つまり、違いを認め合う仲間、違いを互いに大切にして、共に仲間として成長していこうとする意識ができるのです。チャムを体験し高校生以降にピアをつくることができると、同じことを好み、分かち合うことができる仲間と、違っていても互いを大切にして学び合う仲間の両者から成長の大切な要素を得ていくことになります。

基準通りに早くものごとをできる人の価値が重視される時代は、チャムを味わう時間もなく、ピアの基礎がないところで競争させられます。個人差は能力差であり、個性のある子どもが落ちこぼれになっていきます。答えは一つとかマニュアル通りという価値観が優劣で「違い」を判断することになります。チャム仲間で安心するだけではすまされず、個性ある人、違う人をいじめたり孤立化させることになっていきます。違ったことを言うと排除されるとか、違っていると認められないかもしれないとひきこもったり、自由な発言ができなかったりすることになります。違った感じや考えを聞いたり知ったりすることで、関心や好奇心を刺激されることもなくなります。

子どもたちがどこにいても排除されないで、自分がここに居ていい、と安心して居られることは、人間関係の中に同じことを知ったり、違うことを分かち合ったりする場所があるということであり、正しい答えしか要求せず、それだけを価値とする先生や親のまわりにその場はないでしょう。そうなると、現代社会はいつまでもチャム・グループを求め続け、互いの違いを理解し、成長することはできないかもしれません。子どもたちが勉強と課題達成の世界だけで生きなければならないとしたら、こんな苦しいことはありません。

3　家族間暴力・不和・育児不安・介護不安に見る親密さへの希求

ここまで子どもの状態を理解していただくと、大人のことがさらにわかりやすくなるかと思います。子どもの状態を大人に移すと、大人の問題を理解することができます。

DV、虐待に見るコミュニケーションの欠如と苛立ち

今、家庭内のDVや虐待が大きな問題になり、子どもだけでなく親も暴力化しています。夫婦の不和がコミュニケーションの欠如や言い争いを招き、喧嘩の絶えない家族や母親一人が家事に育児にフル回転している家族が増えました。近所づきあいもなくサポートのない母親は育児不安に陥ったり介護に疲れきっています。社会的な支えも不安定なままに、子どもたちと同じ状態を体験しています。子どもの居場所の欠如は致命的ですが、大人が支えや親密な関係がないことは、自分の思いを理解し支えてくれる人を暴力的に獲得しようとする暴力化にもなります。間違った形で親密さを求めていると思ってもいいでしょう。命令をして「はい」と言ってくれる人がいることは安心感につながります。暴力をふるうと人は離れていきますので最終的には孤立するのですが、自分の意

向に従ってくれる人がいる限り、関係があると錯覚してしまうのです。

残業とストレスに満ちた職場、安定した人間関係を持てない家庭で、つながりやコミュニケーションが希薄になっていることが、ますますコミュニケーションを阻害し、その結果つながりやケアが必要な場で苛立ち暴力化が起こり、チグハグなコミュニケーション、かかわりの悪循環を招いています。子どもたちの状態の裏側では、似たような大人の姿が表現されています。

中高年のうつ・突然死・メタボリック症状に見る回復力の低下

子どもたちの二番目の課題の裏返しとして見える大人の姿の二つ目は、中高年のさまざまな問題と症状です。いま職場ではうつが広がり自殺が増えていますが、これは日本独特の現象だとされ、「突然死」という言葉が英語の辞書に"totsuzensi"と載るようになったそうです。自殺者が毎年三万人を越えていることが中高年に多いことも異常な現象です(二〇一二年、二万人強)。自殺や突然死はうつや生活苦の人々に多く、日本が生んだ不名誉な言葉です。

メタボリック症候群というのは、睡眠不足で忙しい人が陥りがちな身体のバランスの不調ですが、生活習慣病とも言われるように、忙しいので睡眠がとれない、食事の時間が不規則、外食が多く油と塩分の多い食べものを急いでかき込む、憂さ晴らしの大量の食事などから生じます。注意していないと昼夜外食することでメタボになる可能性が高くなります。意識的に食事をとらないと、私たちが自分自身を回復させる健康な状態に保つことさえもできなくなっていきます。図を見てください。

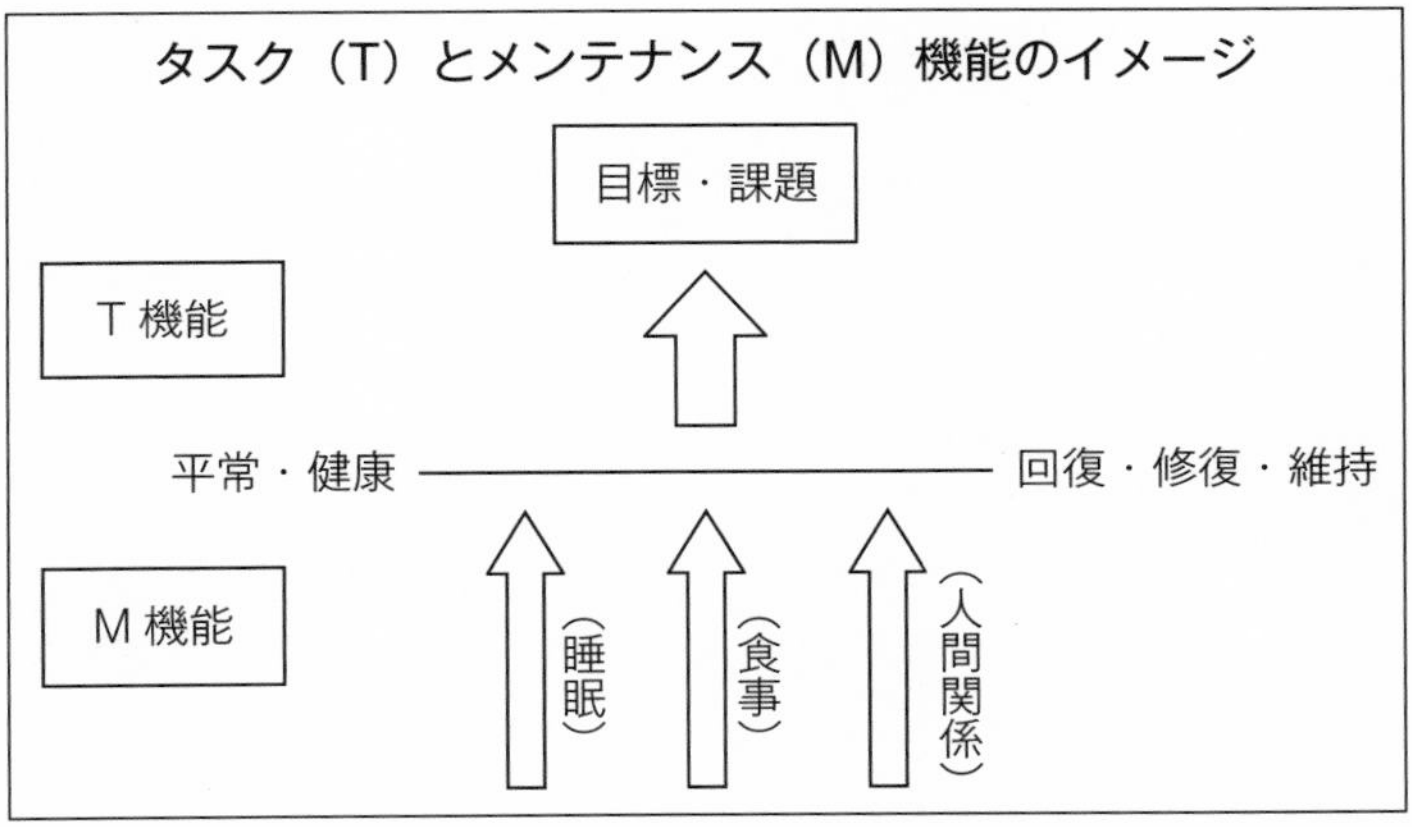

図 1

　このような力がどんどんなくなっていることにも成果主義、課題達成主義社会の影が映っています。つまり自分を普通に保ち、健康を維持するためのメンテナンス機能の低下、軽視があるのです。自分の健康を守るのは個人ですが、夜中まで働かせて健康を守れと言っている職場は、働く人の健康を邪魔していることになると思います。つまりワークライフ・バランスが悪いというのは、課題達成と健康や人間関係の維持のバランスが悪いということです。仕事と家族のバランスとは、働くことと健康維持や家族関係を維持することを意味しています。社会のリソースの循環が悪くなって人々が消耗し、回復するための資源を得る場がなくなっているのです。

　この状況の中で、心理や福祉の領域で働いている人たちは、回復・修復の支援をしていることになります。このような社会が進めば進むほど元に戻すというか、普通を回復するための作業が求められるのです。現実は本人だけでは戻せないほどバランスが悪くなっていて、戻すための助けの仕事をする人たちが必要になるわけです。もし社会全体が健康を維持することをすれば、元に戻す作業のために仕事をする人は少なくてもいいかもしれません。つまり皆さんたちの仕事がなくなることになりますが、私たちの仕事はいつかはなくなることが目的の仕事なのであり、繁盛しすぎてはよくない仕事なのです。

二　心の健康の危機をのり越えるために

それではこのような状況で私たちはどうしたらいいのでしょうか。繁盛しすぎてはならない心理臨床センターという矛盾を抱えながらセンターは何をしていくのか、次にそんなことを考えてみたいと思います。

センターは、まずコミュニティに開かれていることが重要です。コミュニティに開かれたセンターが現代社会の問題に何らかの歯止めをかけ、苦しみ弱っている人々の回復を助けるには、三つの視点から私なりの対応を提案したいと思います。

1　豊かな社会の貧しい子育てを見直す

一つ目は、豊かな社会になるにつれて貧しくなっていく子育てを見直すことです。

便利な生活がもたらすかかわりの欠如

便利な社会が失ってきたかかわりを意識的に復活させることです。現代は一人で生きて行くには大変便利です。私たちは一言も喋らなくても生きていけます。コンビニに行って出来ているものを黙って買ってくることができ、誰の助けを借りなくても食べるものは手に入ります。私たちはただ生きるだけでしたら、収入があり食べること、眠る場所があればどうにかなります。しかし一方、人間が一人で生きるのは大変です。目の前で助けてくれる人はいなくても、既製のものを手に入れることさえできればどうにか暮らしていけますが、コンビニに助けてもらわない限り本当は一人では生きられないのです。しかしそこでは人間関係が希薄なため、ほとんど助けを得ている感覚を持つことはありません。

昔の話をしても仕方がないのですが、私はコンビニがない時代に育っていますので、母親からお使いを頼まれても、買うことの他にお店の人とのやり取りを体験することになりました。買うべきものをきちんと覚えて言えるか、量を間違えないか、相手とうまくコミュニケーションができるかなどさまざまなことを考え、行動に移さなければならないわけです。また、お店の人は私の母や私のことを知っていて、それなりの声かけをします。そこには日常のやり取りがあり、ときには「お手伝い、偉いわね」などと言われたりすることがあるわけです。いつもきちんとものごとをすすめ、失敗しないことを奨励して、めったに褒めない母親のそばで暮しているところにこんな形で褒められたりすると、ちょっと自信がついたりします。

多くの人々のなかでさまざまなフィードバックを受けることは、自分の位置を確かめたり修正しながら生きる助けになります。人とのやり取りを覚え、助けてくれる人がいることに安心感を持ちます。また葛藤や問題解決にも強くなっていきます。間違ったときやり直しをさせてもらえると、世の中の手順やルールを覚えることもできます。現代の子どもたちは「便利」な生活と家族全員が多忙な中で、コミュニケーションのチャンス、人間関係を持つチャンスが少ないところで育っています。

葛藤や問題解決に強くなる

今や、学校や家庭では、意図的にコミュニケーションの機会を増やす必要があるでしょう。コミュニケーションが増えると必然的に違いが現れたり、葛藤が起こったりします。それは人生の現実であり、そうしたことを理解し体験することで違いや葛藤は当たり前だということを学びます。人間関係を体験しない子どもたちは葛藤場面を避けます。なるべく葛藤が起こらないようにするのは日本人の特徴でもありますが、マニュアルに従ってものごとをすすめる課題達成社会では、いっそう葛藤を避けようとします。葛藤が起こると嫌な気分になるとか解決に時間がかかるので、「やれ」と言われたら「はい」と従い、「いや」と言われるようなことは言わないということになります。問題解決場面や葛藤場面を体験したことがない人は耐性に乏しくひきこもりになったり、過重負担の末にうつになったり、怒りの爆発になったりするのです。

問題解決に向かって協力する機会や葛藤を当然とする人間関係を通じて、レジリエントな（回復力のある）人間形成を目指したいものです。私たちの支援の中にもコミュニケーションの機会を増やすための方策を取り入れる必要があるでしょう。

2　家族の変化を社会化の視点から見直す

もう一つ現代社会の急速な変化の中で、もとに戻すことができない現実として、家族の変化があります。この家族の変化を私たちは見定め、現代に適した家族づくりを心掛ける必要があり、その支援も心理臨床の仕事でしょう。

「授かる」から「つくる」になった子ども

家族が変化したことの一つの典型例が「授かる」から「つくる」になった子どもです。この表現は子どもの発達の観点から家族をとらえている柏木惠子（二〇〇一）のものですが、子どもは天から授かるようなもので、授かったり授からなかったりするのが普通の時代が終わり、つくる時代になったというのです。また授かった子どもは次代のために大切に育てようという思いがありました。つまり科学と医療が現在ほど進歩していなかった時代は、子どもの生誕は自然の出来事の一つだったのです。

ところが生まれる前から男女の性別がわかり、子どもの生誕が選択の対象になった現代では、子どもは授かるというよりは、つくるものになってきました。それに加え、先端医療技術の進歩は生殖医療へも及び、子どもをつくることができるような錯覚を起こしました。今や子どもはつくらないこともつくることもできるといった意識の変化を起こしています。意識的に産む産まないを選択できますので、堕胎も簡単、生殖医療に頼ることもできます。昔は授かれなかった人たちは離婚とか一人前の扱いをされないといった女性側への悲劇も起こっていましたが、選択できることで以前ほどひどい状況はなくなりました。ただ逆に生殖医療技術の進歩は、出産年齢を延期させ、失敗した人たちの失望落胆は一層大きいものになりました。さらに生殖に成功することが目的化されて、子どもが生まれた後、子育てを放棄する親も出てきました。実は生殖医療の場では、今述べたようなさまざまな問題を前にしてカウンセリングが必要になってきました。

子どもを社会の資産にする

自分の都合で産むようになったことは、自分の都合で育てることへとつながります。ピアニストにしたいと必死でピアノを習わせ、東大に行かせたいと勉強を強要します。お金が必要になるので残業や仕事にほとんどの時間を使い、過保護になったり放任が起こっています。もちろん子育て支援が不十分な中では、共働きの夫婦は綱渡りのような生活を強いられます。少子化はこのような悪循環の中で生じています。そこには、子どもを社会の資産にするというよりは、つくった子どもは自分たちの好きなように育ててもよいといった錯覚が無意識に働いています。

現代は社会がある程度子育てを引き受け、次代の継承者として護って行かなければならないと思います。保育や福祉を考えた支援が相談センターでも必要であり、子育ての社会化は必然だと受け取る必要があるでしょう。

しかし「つくる」意識からくる身勝手な子育ては、子育ての社会化にもねじれ現象を起こしています。社会のさまざまな所で、自分の思い通りに育ててくれない他者（保育士や教師）に文句を言う親が出てきたのです。極端な言い方になりますが、勝手につくった子どもがうまく育たないからと、保育園、学校、相談所などに子育てを任せてしまう親も多くなりました。「うまくいかないのでよろしくお願いいたします」と預けてしまうのです。

このような状況の中では、子どもを社会の資産にしていくことはなかなか難しいことです。母親だけを責めていてもどうにもなりません。子育ては今やお母さんお父さん社会の他の人々が連携してやっていくことが必須でしょう。子育て支援や家族支援には、家族療法の考え方が役立ちます。そこには家族が問題だから支援をするのではなく、さまざまな社会の変化とストレスの中で、せめて家族で協力し合い、助け合えるように潜在能力をうまく引き出す助けをする視点があります。またそこには問題を家族のせいにせず、家族と社会を機能的につなぐことが考えられます。家族が社会とうまくつながることができれば、子育ての社会化に広がっていきます。家族療法の視点はまた心理療法だけでなく、心理教育的アプローチの活用を促します。心理臨床センターでは個人相談と同時に、家族相談、グループ・アプローチが柔軟に活用できることが重要でしょう。

3　キャリア発達の視点から生き方を支える

三番目の危機の乗り越え方は、カウンセリングにキャリア発達の視点を導入することです。私のカウンセリングの最初の専攻がキャリア・カウンセリングだったので敢えて申し上げたいのですが、カウンセリングや心理療法を包む大きな傘は、キャリア発達の支援だと思います。

キャリア発達というのは、仕事ができるようになることと誤解されがちですが、本来の意味は人が一生をどう生きるかということであり、生き方は生涯発達し続けるという意味です。自分の生き方は生涯を通じて発達すると考え、内面も現実の働きも一貫させることです。キャリア発達とは、仕事の世界でどんどん地位や役割が向上することと理解されがちですが、キャリアには生き方という意味がありますので、仕事だけの意味ではありません。別の言い方をすると、子育てに自分のエネルギーを全部使いたいと思っている人が母親になることもキャリアです。

「自己実現」という言葉がありますが、自分の好きなように生きることと思われているとしたらそれは間違いです。自分の好きなように生きられないと「自己実現」ができないと思いこんでいる人がいますが、自己実現とは「自分が成ることが出来る自分に成る」ことであり、自分の生き方を追い続けることでもあります。

4　人間関係の中で生きることの意味

このような自己実現の視点は、これまで話してきた子育て、仕事、メタボリック症候群、うつ、虐待といった現象の理解を整理するのに役立ちます。「自分はこれだけのことができ、これだけのことをして、可能性を追求しながら生きよう」とすることは、他者もそのように生きていることを受けとめ、大切にしようとすることにつながります。そこでは、ないものねだりをせず、だからといってあきらめたり、怠惰になったりもせずに、可能性を追求する毎日が開かれていくでしょう。

図1は、マズローの欲求の五段階説のイメージを図にしたものです。

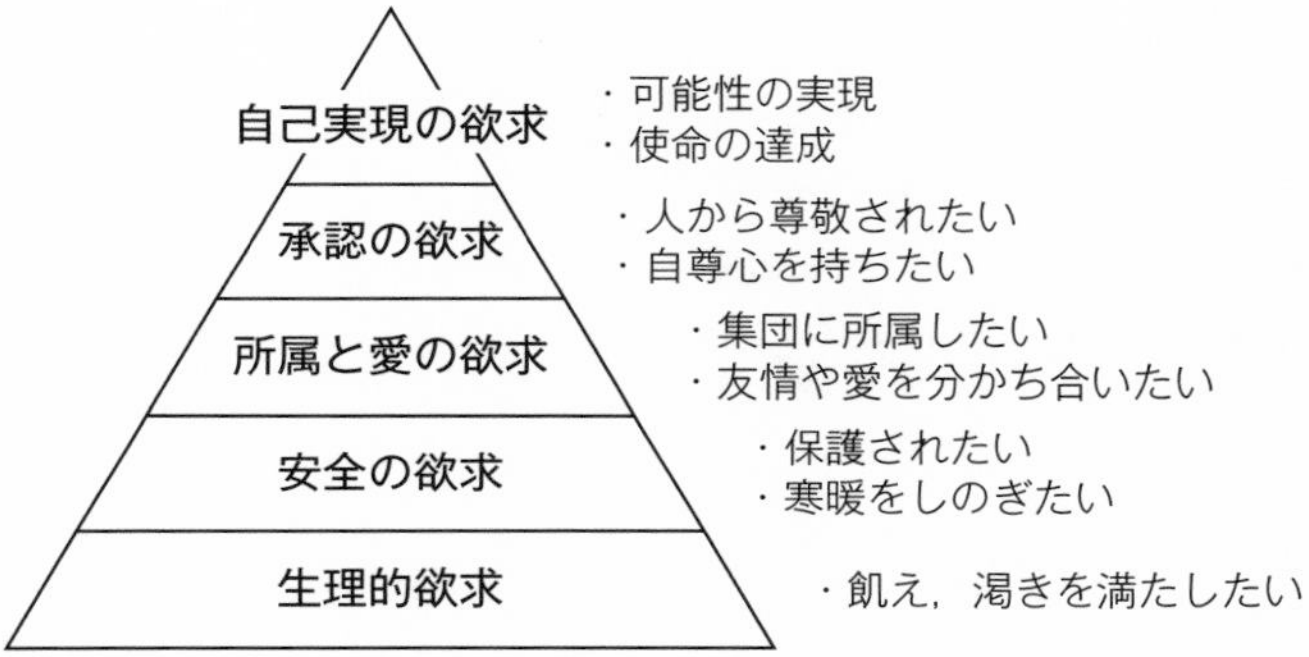

図２　欲求の五段階（Maslow, A）から学ぶ

マズローの考え方は、これまでお話ししてきた心の健康の危機をのり越える三つの観点を説明する上で助けになります。心理学を勉強している方たちは、マズローの自己実現についてはすでに学んだと思いますが、ヒューマニスティックな視点からパーソナリティの発達を理論化した代表的なものです。

マズローは、人々は五つの欲求を実現させようとして生きていると言いました。生きることの基礎には「生理的欲求」つまり、飢え・渇きを満たしたいという欲求があり、それが十分に満たされないとき人の関心はそこに集中するということです。山登りして遭難したとき、水が大切になることを考えるとよくわかるでしょう。それがある程度満たされると、次に「安全の欲求」が出てきます。自分を守ってもらいたい、自分が生きられるような場を確保したいということです。人間は寒すぎても暑すぎても生きられませんので、雨風をしのぎ外敵から守られる状況を欲するようになるわけです。赤ん坊や子どもは未熟な状態ですので、守ってくれる大人や環境が必要だということです。

この二つは基本的生存を支える欲求として大切であり、親や大人はこの欲求を満たすべく子育てをしているということができるでしょう。これらの基本的欲求がある程度満たされると、人間としての心理的な欲求が出てきます。「所属と愛の欲求」です。基本的欲求を満たすことができれば生きていくことはできるのですが、それは一人ではかなえられません。集団に所属し友情や愛を分ち合いたい、受けとめられたいという欲求は、人は人間関係を必要としているということです。別の言い方をすると「あなたはそこに居ていい」と言ってくれる人が必要だということです。先ほどの話につなぎますと、人は生物的欲求を満たすだけでなく、所属と愛の欲求、つまり「安心できる居場所」が欲しいのです。人々の中に居場所があり「あなたはそこに居ていい」「あなたのことを受けとめているよ」と言ってくれる人がいることが必要なのです。

この欲求が満たされるということは、「誰がなんと言おうとあなたはあなたでいい」存在そのものが大切だというメッセージがもらえることです。子どもが学校でいじめや理不尽な扱いをされたとき、お母さんが学校に行って先生に「家の子は成績は悪いかもしれませんけれども私の大事な子なんですから、このようなことを放ってはおけません」と。そのお母さんの想いは子どもの存在そのものを護ろうとしていて、成績が悪いとか良いとか何かに優れているなどということは関係なく、人間として大切にしたいという思いです。先ほど述べた子どもたちの訴えは、現代社会では家庭にも学校にもこの支えが無くなってきているということの表れかもしれません。

次に出てくるのは、「承認の欲求」です。この欲求は「自分がやっていること、到達した結果や技、成長を認めてほしい」ということです。子どもたちは知的発達に応じてものごとを覚え、知り、工夫します。それを周りの人が認めることで、さらに上達します。節目節目でより良い成果が現れ、それが認められることで業績や発達、技の上達が進みます。人々の賞賛や承認は、さらなる実力の発揮の後押しをします。最近、自己効力感という表現が使われますが、承認の欲求が満たされると、自己効力感を持つことができるのです。人の成長そのもの個性の発揮などは、人から尊敬されたいとか、自分も自分を誇りに思い、自尊心を持ちたいという欲求を刺激します。人間が知りたいことを追求し、人間ができることを認め合い尊敬し合うことから、個性や業績の発揮や文明の発展があるのです。それは存在が受けとめられて初めて可能になる能力の追求です。自分の能力をうまく育てれば、さらに好奇心が刺激され、さらに潜在能力を発揮するようになります。子どもの好奇心を大人が潰したり、間違った能力の訓練をしたりすると、承認の欲求が満たされないことになります。

承認の欲求が満たされ自己の成長が認められると、人は「自己実現の欲求」を持つことになります。これは私の言葉で言うと「自分が成ることができる人間に成ろう」とすることであり、キャリア発達にもつながっています。「私はここに所属していていい、そして自分の能力を発揮でき、人間としてできることは達成できる」ということがわかると、自分なりの生き方をしたいと思うようになると言ったらいいでしょうか。他の人と比べて劣等感を感じることもなければ、他者と無駄な競争をすることもなくなるでしょう。最終的には、自分の可能性を生きようとすることであり、その意味で使命の達成でもあります。それは輝かしい業績を上げることでもなければ、競争に勝つことでもなく、自分の可能性として持っているものを実現しようということであり、それが誰かの役に立ち、社会に貢献できれば、使命の達成なのです。

マズローの著書はほとんど翻訳されていますので、詳しいことは読んでいただきたいと思いますが、その中のいくつかを紹介すると、自己実現の欲求を満たそうとし始めると、たとえば人は一日二四時間しかないので、多くの友人と親密なつき合いはできないだろう、また自分の中の可能性を追求するようになると、他の人と競争しなくなるだろう、などと言っています。

三　開かれた社会システムづくり

1　居場所づくり

このように考えてくると、今私たちが必要としていることは、「所属と愛の欲求」を満たすこと、「居場所をつくる」ことではないかと思います。社会の中で私たちが失っているものは、人を受けとめ存在を大切にする支え合いです。「所属と愛の欲求」を満たすようなかかわりをすることです。人は関係なしには生きていけず、それがないところで業績や成果を要求されると、業績をあげ成果を出さない人はこの世で居場所がなくなります。幼いときから習い事をさせられ、成績や優れた結果をあげないと認めない親の下では、存在よりも結果が意味を持つことになります。親が存在を認めないとき、コミュニティの中でその働きをするのは、心理的支援をする人々です。保育士でも先生でも、趣味や運動のコーチなどでもその役割を果たすことができます。本学明治学院大学の心理臨床センターがそんな居場所になることもあるでしょう。居場所を提供することが開かれた社会システムづくりの第一歩なのだろうと思います。

2　課題達成と関係維持のバランス

開かれた社会システムをつくるには、私たちの日常で、課題達成とメンテナンス関係維持のバランスを取ることです。つまり承認の欲求を満たすことで生きるのではなくて、つまり所属と愛の欲求を満たし、健康を維持することにも力を尽くすことです。現代の生活は、課題達成（Ｔ）＞メンテナンス（Ｍ）と不等式になっていますが、Ｔ＝Ｍにするのです。そのエネルギーをイコールになるように使って下さい。

別の言い方をするとそれは知能（ＩＱ）の競争だけでなく、情緒的能力（ＥＱ）を発揮して下さいということです。存在そのものを受けとめることは、頭が良いとか能力があるとか判断することではなく、愛情や関係を大切にすることです。情緒的能力とは、私たちの感情である怒りや悲しみ、喜びや思いやりを覚醒させ、育てることです。生まれつき持っている基本的な情緒反応を眠らせて置かないで、活性化することです。それは子どもたちは遊びの中で表現し、カウンセリングでも大切にし、地域社会のさまざまな催しものの中にあるものです。ＩＱとＥＱがバランスよく育つと次に大切になるのがコミュニケーション能力であり、それが発揮できると社会的能力（ＳＱ）が発揮されます。ＩＱとＥＱがバランス良く発揮されると、それをコミュニケーションに載せる必要が出てきますし、それができて初めて社会的知恵が発揮されるのです。

3　言葉かけによる日常的支援

今私たちができることは、人への思いや感情、感じていることを気軽に直接、交わし合うことでしょう。日常生活の中でできる支援とは、関係をつくり、つなぐコミュニケーションを交わすことです。今日の最終的な提案は、ここを出たときからできることをやりませんかという提案です。

私たちは、つい忙しさにかまけ、課題に関係ない言葉かけをしなくなっています。実は、日本語には関係をつなぎ、相手を思いやる言葉かけがたくさんあります。英語は論理に適していて、日本語は関係に適しているとも言われるように、挨拶にはその特徴が典型的に表れます。日本語は主語を言わないことで、雰囲気で意味を伝えますが、その中にも相手が主語になっているやり取りが目立ちます。日本語には丁寧語、尊敬語、謙譲語があり、自分と相手の位置が示唆されます。

特に挨拶では、多くの場合相手を思いやる言葉かけが多くあります。「おはよう」と「おはようございます」の違いがあり、また〝Good Morning〟とは違います。英語になくて日本語にある挨拶もたくさんあります。「いただきます」「ごちそうさま」「行ってらっしゃい」「お帰りなさい」などは、相手を思いやったり感謝する挨拶であり、同じような言い回しの英語の挨拶はありません。心をこめてこの挨拶をすると、それは存在を大切にするメッセージになります。

それに感謝とほめ言葉が加わるとメンテナンスの言葉かけがそろいます。「ありがとう」を言えない人、「労《ねぎら》い」や「ほめる」ことができない人も多くなりました。特に、「ほめる」は「賞賛」に値することをしなければできないと思っている人が多いのですが、「称賛」を意味する「ほめる」

は「いいな〜」と思うことを伝えることです。それは評価ではなく自分の気持ちの表現であり、関係をつなぐ言葉かけです。そのようなやり取りが増えること、それが日常の人と人の関係を開くことであり、メンテナンスです。

私たちの関係は、挨拶やちょっとした声かけに現れます。私はアサーション・トレーニングという自己表現の訓練をしています。アサーション・トレーニングはアメリカで生まれたものですが、そのまま日本に持ってきても生きません。謙譲語、尊敬語、丁寧語がある日本で、しかも相手を思いやる言葉かけが多い中で、日本独特のアサーションがあるのです。その点で、関係をつなぐコミュニケーションを豊かに使いたいものです。

最後になりましたが、自己実現のお話として『ハチドリのひとしずく』という本を紹介して終わりにいたします。これは南米のアンデス地方で語り継がれているお話を辻（二〇〇五）が聞かれて感動し、持って帰って日本語で出されたものです。これは自己実現の話でもあり、自分ができることを使命とする話でもあります。

私たちは人が人を支え合う方向で、仕事をしませんかという提案をして終わらせて頂きたいと思います。

「ハチドリのひとしずく——いま、私にできること——　辻　信一監修　引用

森が燃えていました

森の生きものたちは　われ先にと　逃げて　いきました。

でもクリキンディという名のハチドリだけはいったりきたり、
口ばしで水のしずくを一滴ずつ運んでは火の上に落としていきます。
動物たちがそれを見て
「そんなことをして いったい何になるんだ」
といって笑います。
クリキンディはこう答えました
「私は、私にできることをしているだけ」

（注）本文は、明治学院大学心理臨床センター設立記念講演の記録である。

文献

平木典子（二〇〇七）『自分の気持ちをきちんと〈伝える〉技術』ＰＨＰ研究所
平木典子・中釜洋子・藤田博康・野末武義（二〇一九）『家族の心理』第二版　サイエンス社
平木典子他（二〇〇八）『ほめ言葉ブック―いいことがいっぱい起きる！』大和出版
柏木惠子（二〇〇八）『子どもが育つ条件』岩波新書
柏木惠子（二〇〇一）『子どもという価値』中公新書
柏木惠子・平木典子（二〇〇九）『家族の心はいま』東京大学出版会
辻信一監修（二〇〇五）『ハチドリのひとしずく』光文社

十　まっすぐに自分を伝える秘訣も教えます

一　自分の「人づきあい」の特徴は？

あなたは「アサーション」という言葉をご存じでしょうか。自分の考えや気持ちを相手に伝えながら、同時に相手の思いも受けとめるコミュニケーションの方法で、「さわやかな自己表現」とも意訳されます。

私たちは言葉がまだ話せない赤ちゃんのうちから、自分の気持ちを「わかってほしい」と願い、お腹が空いたら泣く、気分がよかったら笑うといった表現で相手に意思を伝えようとします。しかし大人になるにつれ、失敗を経験したり、さまざまな制約に縛られたりするようになり、素直な自己表現ができなくなることがあります。それは自らのストレスをも生む要因。もしもそうした自分のコミュニケーションの傾向を変えたい、よりよい人間関係を結びたいと願うなら、アサーションはあなたの大きな力になってくれるでしょう。

私が日本にこのコミュニケーションの考え方を紹介したいと思ったのは一九七五年のこと。カリフォルニアで開かれた心理療法のワークショップがきっかけです。それまでの私の知識では、アサーションとは主に自己主張が苦手な人を対象とした心理療法の一つ。しかし実際には、教育やビジネスの現場でも広く使えるコミュニケーションスキルだとわかり、以来研究を続けてきました。

アサーションの考え方では、人が自分を表現するときの傾向を大きく三つのタイプに分けています。

一つは、他者をつねに優先して自分のことは後回しにする「非主張的」なタイプ。おとなしくていい人で、協調性があるようにみえます。しかし、内面では自分に自信が持てず、卑屈な気持ちになっていることも多いもの。自己表現ができていないことから、欲求不満やストレスをため、人づきあいが億劫になったり、うつ傾向に陥ったりすることがあります。また、自分より弱い立場の相手に八つ当たりしてしまったり、今まで従っていた人を突然非難し始めるといった、いわゆる「キレる」行動に出て、周囲を驚かせたりすることがあります。

二つ目は、自分のことだけを考えて他者を踏みにじる「攻撃的」なタイプ。一見すると明るく表情豊かで、言葉づかいもハキハキとわかりやすく、みんなを率いるリーダー格にみえます。ただそこには、場の主導権を握りたい、相手よりつねに優位に立ちたいという姿勢が見え隠れする。このような言動をとる人は防衛的で、必要以上に強がったり、自分に正直ではないともいえます。強引に自分の欲求を通しつつも、「そんなつもりじゃなかったのに」と後悔に苛《さいな》まれることもしばしば。

三つ目は、一つ目と二つ目の中間で、自分の望みを主張しながらも、相手にも配慮するタイプです。これを「アサーティブ」といい、コミュニケーションの基本としています。「非主張的」に自分の意見を引っ込めたり、「攻撃的」に相手を打ち負かそうとするのではなく、歩み寄りながら納得できる結論や妥協点を探すのです。お互いが気持ちや考えを率直に表現しますから、ぶつかることもあるでしょう。しかし、そこで生じる葛藤は、納得できる話し合いがあることで、後まで尾を引いたり、ストレスになったりしません。

三つの自己表現のタイプが、いつでも誰に対しても同じという人もいます。一方で、気心が知れた仲間うちでは「アサーティブ」でいられるのに、上司など目上の人には「非主張的」、あるいは家族など立場が下の人には「攻撃的」になってしまうなど、一人の人間が状況によって変わる場合もあります。

できれば必要なときに、アサーティブなコミュニケーションができるようになりたいものです。

二　人との〈違い〉は新たな発見

誰もが相手を思いやりながら、自分の言い分を聞いてほしいと願っていると思います。そのためには日頃どのように考え、どんな言い方や行動をとればいいのでしょうか。

一つは、自分の思いや気持ちを明確にすることです。自分はいま何を考え、何を感じ、何を伝えたいのか。わかっているようで、意外と自分でも把握できていない「自分の思い」があるものです。相手とのこれまでの関係、妻や母といった立場、世間体などに惑わされず、そのとき「表現したい自分」を確かめるようにしましょう。

次にその思いや気持ちをできるだけ素直に相手に伝わるように表現します。慣れないうちは難しいかもしれませんが、あきらめずに続けていくことが大切です。

なぜなら私たちの自己表現のバックグラウンドになる経験や知識は、個人によってさまざま。同じ内容、同じ言い方でも、誰もが同じ意味に受け取ってくれるとは限りません。理解されない、理解できないことは相手のせいでも自分のせいでもなく、「当たり前」にあることなのです。だからこそ自分をありのままに表現し、相手のことも同様に理解しようとする気持ちが大切だともいえるでしょう。

アサーションについて私が最もお伝えしたいのは、「〈違い〉は〈間違い〉ではない」ということです。自分と相手との考えが違っていても、それは間違いではありません。相手の考えが自分と違っていても、相手を理解することはできます。むしろ、その違いこそが自分の視野を広げ、新しいものの見方や考え方を教えてくれるのです。

三　もっと上手に自己主張するために

続いて四つの事例を参考に、アサーションを取り入れたコミュニケーションを具体的に考えてみましょう。

ケース1　仕事で毎日帰りの遅い夫。連絡もなしに同僚と飲んで帰ることもしばしばです。なのに、たまに早く帰ってくると「夕食の支度もまだなのか」と怒るので、私もつい「こっちにだって都合があるのよ！」と言い返し、お互いにストレスをためたまま無言になります。本当はもっと優しく接することができたらと思っているのですが……。

回答　「自分をうまく主張する」と言うと、自分を「主張する」ことに重きを置きがちですが、同時に相手の考えや欲求を「受けとめる」ことも大切です。このケースでは、あなたも夫も自分の気持ちを言い合うだけでなく、相手の気持ちを聞くチャンスをどこかで作ることが解決の糸口になるでしょう。

たとえば「夕食はまだ？」と言われたとき、あなたが「期待が外れてごめんなさい」と夫の気持ちを一度受けとめたうえで「用事があってできなかったの」と説明すれば、夫も落ち着いてあなたの言葉を聞いてくれるでしょう。もし夫が「どんな用事だったの？」と聞いてくれたら、あなたの状況や思いもうまく伝えられそうですね。さらに、夫を思いやる言葉を返せるようになればすばらしいでしょう。

ケース2　スポーツジムで仲良くなった四人グループ。リーダー格の一人が毎度ランチに誘ってきます。私は子どもの幼稚園のお迎えがあるし、お金もない。
何よりコーチや他の会員の噂話で盛り上がるその場の雰囲気が好きになれません。三度のお誘いに一度は応じていますが、それも億劫になってきました。今後のよいつきあい方がわかりません。

回答　まずあなたは、グループの人たちとどの程度のつきあいがしたいのかを決めましょう。まったくつきあう気がないのであれば、ランチに誘われるごとに「今日は幼稚園の迎えがあるから」など、理由をつけて断り続けます。そのうち誘いも来なくなると思いますが、行かないと決めたのは自分ですから、それを寂しいと思ったり、仲間外れにされたと恨んではいけません。
完全に関係を断ち切るのではなく、そこそこのつきあいを続けたいと思うのならば、今まで通り三度に一度は応じようと決心します。そして時間や費用がかかっても、「この人たちと仲良くするために必要なこと」と納得する。人の噂話も耳に入るのは仕方がないと覚悟を決め、笑って聞き流しましょう。
自分の気持ちを明確にし、選択したことの結果には責任を持つ。その心がけを持っていれば、後悔はぐんと減るでしょう。

ケース3　急いで昼食を食べなければならない日、お店で天ぷらうどんを注文したのに出てきたのは天ぷらそばでした。うどんに取り替えてほしいけれど、作り直してもらう時間がもったいない。そんなときにはどうすればよいのでしょう?

回答　あなたは「自分が注文した天ぷらうどんに取り替えて欲しい」と主張することも、「今日は急いでいるし、このまま天ぷらそばを食べてしまおう」と決心することもできます。主張することだけではなく、主張しない決心をすることもまた上手な自己表現なのです。

要求に値しない、かえって自分に不利益になると思えば主張しないという選択もできます。このとき大切なのは、決心したことの結果がどうあれ自分の責任で受けとめること。後からウジウジ悔やんだり、相手を恨むことはやめましょう。

ケース4　夫は田舎の大金持ち。都会で育った一人っ子の私は、正月・お盆、法事など夫の親族の集まりに出るのが大の苦手です。悪い人たちではないのですが、うまく会話の輪に入れません。

回答　人には、大勢の中でも上手にコミュニケーションできる人とできない人がいます。自分がどちらに近いタイプなのかを見極め、その場でどう振る舞うかをあらかじめ決めておくことは、上手なつきあいの大事な一歩です。

もしあなたが積極的に人に話しかけるのが苦手ならば、相手の話を「聴く」ことに徹しましょう。そこで大切なのが、話す人への関心や好奇心です。あいづちを打ったり、「それってどういうことですか？」など、会話の広がる「開かれた質問」をはさんでみてもいい。

もう一つのケースとして、あなたが「夫の親戚に悪く思われたくない」「変なことを話して嫌われたくない」といった失敗恐怖にとらわれている場合が考えられます。その場合の対策は、当たり前のようですが「失敗を恐れない」ことに尽きます。いずれにせよ血のつながりは切っても切れないもの。あなたが多少失敗してもときが解決してくれますし、挽回のチャンスは何度でも訪れます。

自分の言いたいことを押し殺してストレスをためるより、相手を尊重しながらさわやかな自己表現をすることで自然なコミュニケーションを育んでいくことが、あなたをより成長させる道なのです。

四　ほんの小さな心がけが重要

私が初めてアサーションについて本を書いた三〇年前には、このようにアサーションが必要になるとは思ってもみませんでした。

現代社会は効率化が進み、コンビニで一言もしゃべらず買い物ができたり、職場や家族との交流もメールで済ませる機会が増えました。対面して表情や声色を読み、言葉を交わすことが減ったため、コミュニケーションが苦手な、孤立化した人が多くなっているのを強く感じます。

多少の衝突や葛藤はあって当たり前。自分も相手もお互いに主張しながら交流するアサーションは、よりよいコミュニケーションのための大切なステップです。考え方のひとつひとつは基本的なことですが、それを頭の片隅に置いて行動できるかによって、毎日を心地よく過ごせるかに違いが出てきます。ささやかな心がけを、普段の生活に取り入れてみてはいかがでしょう。

十一　継続的接触を考える

はじめに

私は、更生保護、保護観察について経験がないばかりか、知識も広いわけではありません。保護観察活動にかかわっている友人を数人持っており、また、二〇年近く家庭裁判所調査官の研修、矯正関係の教官の研修などにかかわってきましたが、非常に間接的なかかわりでしかないと思われます。したがって、この小論では、カウンセラーの継続面接の経験、カウンセリングのアプローチなどから、保護観察の継続的実施に役に立つ可能性のあることを述べさせていただくことにいたします。

一般に、継続面接には、犯罪者や非行少年の性格・問題など対象者についての理解が必要とされ、その特徴によってアプローチや方法が変わることは、保護観察に携わっている人が日常的に経験していることでしょう。その意味で、対象者の特徴や立ち直りの段階をとらえて、相手がどこにいるのか、どんな状態なのかを観察したり、推測したりすることが継続を考える上で役立つと考えられます。継続に役立つ変化のプロセスの目安を紹介したいと思います。

また、一般に面接は、変化の維持・継続を含め変化を目標としてなされるものであり、接触の継続もそのプロセスとしてとらえる必要があると思われます。変化をどうとらえ、接触することと変化はどのような関係があるかについて考えていくと、継続的接触の意味や方法に何らかのヒントとなるかもしれないと思っています。

また、更生保護、保護観察という働きは、処遇者と対象者のみのかかわりで行われるのではなく、家族、地域社会などさまざまな人々とのかかわりの中で行われます。そのような視点を継続にどう生かすかということも考えてみたいと思います。

一　変化のプロセスとは

変化のプロセスは、主に心理療法のプロセスや依存症（アルコール、薬物など）の人々の援助における行動の変化などから明らかになってきました。およそ以下に述べるような一〇の心のプロセスがあるとされていますが、心理療法家でも援助のある時点でどのプロセスが必要か明確にしてないことが多く、また実際の援助に際してもこのうちのほんの一～二しか活用してないといわれています。

自己変容の以下のプロセスを念頭において、相手とかかわっていくことは、継続接触の大きな助けになるでしょう。

1　意識を高めること

対象者自身が自分に①問題があることに気づき、②変える気持ちになることです。③問題を持っていることを認め、また④解決の可能性があることを受け容れることです。この四種類の値引きをして、変化を起こさないことがありますので、それに気づくことが大切です。問題そのもの、問題の大きさ、問題解決の可能性、問題解決の能力などの値引きです。

「問題はない」「大した問題ではない」「どうせどうしようもない」「対処しても大したことはできない」と思っている人は取組が甘くなり、再発の可能性が高くなりますので、問題と解決の可能性への意識を高めてもらうことが大切です。

2　劇的な安心感（解決の希望を持ち、問題から解放され、安らぎを得ること）

問題はあるが、解決の可能性があることを認識すると、人は劇的に気持ちが楽になります。そして、自分が変化するにはどのような方法があるか、自分を助けてくれる人はいるかといったことを考え始めます。この段階にいる人は、自ら助けを求めようとしますし、ふさわしい助けを得たいと期待します。そのとき、タイミングよくふさわしい助けが得られそうだと思えると、変化への取組が始まります。
援助をする人の関係づくり、慰め、励ますかかわりなどが重要になるところです。

3　自己の再評価（自分の持てる潜在能力、資源を見直すこと）

変化への取組が始まると、問題解決への意欲が出てきます。変化は自分が起こすことですから、意欲が出てこない限り変化は起こりません。助けを求めている人の中には、誰かにどうにかしてもらおうと思っている人もいますので、「やる気」になるような支援が必要になりますが、その中でも自分が持っているさまざまな資源やまだ活用してない潜在能力を発見し、古い習慣などにとらわれない新しい試みへの希望を培うことが大切です。

援助をする人の相手を認め、受けとめる力、共感する力、支持し、ほめる力などが必要になります。

4　環境に対する再評価（周囲の人々をこれまでとは異なった視点から見直すこと）

自己を再評価することは、周囲を再評価することにもつながっていきます。また、周りからこれまでとは異なる働きかけや支援を受けることは、自己評価を高めることにも強い影響があります。このような自己と周囲のよい循環が始まると、支援者・保護関係者とのかかわりもより積極的になっていきます。立ち直ろうとしている人たちが支援者を含め周りの人々が自分を否定的視線で見ているのではなく、温かいしかし厳しい視線で見守ってくれることを感じることができると、自分の居場所ができます。

このプロセスにいる人とかかわるときは、家族や本人を取り巻く人々との相互作用にも気をつけましょう。ときには、あなたとその人々との接触が必要になることがあるでしょう。

5　自己解放（自分の独自性を認め、自分の存在を大切にすること）

認めがたく、不十分で問題のある自分から、完全でなくても自分なりに自分として存在していることを認め、自分なりに自分らしい生き方をしていこうという気持ちになることです。自己実現の欲求を満たそうとすることでもあり、過去の自分、不十分な自分を受けとめながら、自分がなることができる自分を探り、そこへ向かって生きようとすることです。

援助者から存在を認めるかかわりが必要です。

6　社会的解放（自分の独自性を社会に解放していくこと）

誰でもない自分、誰とも違っているが人間として共通の思いや考えを分かち合うことができる自分を認め、社会の一員として生きること、自分なりの社会的貢献をすることなどを生きがいと感じるようになることです。

他者と比べて競争したり、自信を失ったりすることなく、自分らしさが人々の中で発揮できることを楽しめるようになるので、家族や周囲の人々が、その人らしさをサポートしていくことが大切です。援助者は、そのサポートの第一の人ですが、できればそのサポート関係を周囲の人々にも広げていきましょう。

援助者の感謝・感激の気持ちが鍵になります。

7　逆条件付け（問題行動を起こさせる刺激と対抗する心地よい刺激を得ることで、問題行動を解消していくこと）

生きている限り、周囲には自分に対する誘惑や問題行動を再発させるような刺激があることを認識し、それに対応する方法を自分も周囲からも得る努力をすることです。

8　刺激のコントロール（問題行動を起こすような刺激を少なくすること）

問題行動を起こしやすい場に近づくのを避け、誘惑から自ら離れる努力をすることです。援助者は、地域社会、交流関係などにも目を配り、その努力を支えましょう。

9　強化の管理（自分の言動のよい点を強化するような環境づくり）

自分を励まし、力づけ、支持してくれる環境を自らマネージすることです。周りに自分を褒めたり、励ましたり、支えたりしてくれる人を維持し、特に援助者はその重要な一人になることが必要です。

そして援助者の力だけでなく、本人と現実の人間関係の相互作用が自然で、よい強化の循環になるよう見守りましょう。

10　支援関係（お互いに支え合いながら生きていくこと）

できる限りの支え合いを提供しながら生きている人間の姿を受けとめ、そのような関係をつくり、維持していく仲間になることです。人の不十分さを認めつつ、つながりの中で、失敗し赦し合いながら生きることを体得していく人生を受け容れることです。この段階にくると、援助する人される人という一方的関係はなくなり、相互支援が始まります。

二　変化の段階とその対応

以上のような変化のプロセスが始まるためには、援助される人が、変化のどの段階にいるかを見定めて援助することが大切です。

ここでは、プロチャスカ（Prochaska, J. O.）という心理療法家が述べている変化の段階を私なりにまとめて述べます。段階によって接触の仕方が異なるわけですから、対応により接触の継続も左右されるでしょう。

1　熟慮前の段階—将来の見通しを立て、変化しようとまったく考えていない段階

解決策が見つからないというより、問題に気づいておらず、あるいは無視していて、問題が見えていない状況です。この段階にいる人は、問題があると周囲が感じていて助けを得るように勧めら

れており、周囲からのプレッシャーがある限りは努力しているふりをしますが、なくなると古い言動に戻ります。

その象徴的言動として、問題を認めることに対する抵抗があります。

2　熟慮の段階──問題を認め解決を真剣に考えている段階

この段階に長くとどまる人は多いものです。カウンセリングを受けようと思ってから、実際にカウンセラーに会うまで、平均二年かかるといわれています。この間、人々は解決について考えているのですが、積極的な変化を起こす行動は取らないのです。歩み出すべき方向はわかっているのに、そちらへ向かう準備ができていない状態です。

3　準備の段階──自分の意図と変化の試みを結びつける段階

この段階の人の中には、解決への試みをしたことがありながら、それに成功しなかった体験を持っている人もいます。問題行動が少なくなったとか、改良されたという体験はあっても、効果的な変化が起こっていない状況です。したがって、すぐにでも変化への試みを始める用意があります。

4　行動の段階──変化への行動を取る段階

問題を克服・解決するために、自分の言動、体験、環境などを変えようとする段階です。かなりの時間とエネルギーを必要としますが、明確な行動の変化を伴った言動の変化への自己関与が見えます。この段階にいる人は、周囲からも変化がわかり、認められる体験をします。

5　維持の段階──再発を防ぐ段階

成功した行動の変容を維持し、問題行動の再発を防ぎ、獲得した有効な言動を続ける段階です。この段階は、変化がないのではなく変化が続いていると見る必要があり、そのための助けも必要です。特に慢性化されたような言動においては、この段階を維持するための意識的な努力が必要です。獲得した言動が最低六カ月は続くことが目安になりますが、人により問題により、再発の危険性が高い場合もありますし、一進一退するものでもあります。行動の段階へ戻って、また維持の段階へたどり着き、循環的に4と5の段階が繰り返されていくこともありますので、人に応じた見通しを立てることが大切です。

6　終結の段階──自分の変化に一〇〇%自信が持てる段階

決して古い行動パターンに戻ることはないという自信を得る段階で、回復した状況ということができます。一般にこの状態が五年続けば、再発しないといわれています。

援助の対象は、すでに一度ある程度までこれらの段階を経て保護関係者のもとにやってくるわけですが、新たなあなたとの関係で相手はどの段階にいるかを見定めてかかわりを始めることが大切です。保護関係者は、社会と日常生活をつなぎ、仲介役を務めながら、一人の社会人として人間として独自性のあるモデルです。継続的接触の質も変わっていくことでしょう。

引用文献

Prochaska, J. O. & Norcross, J. C.（2007）Systems of Psychotherapy : A Transtheoretical Analysis.（6th ed.）Brooks/Cole.（津田彰・山崎久美子監訳（二〇一〇）『心理療法の諸システム―多理論統合的分析』第六版，金子書房）

十二　なぜ感情表現が大切なのか

一　感情表現の二つのルート

人は「喜怒哀楽」など、さまざまな感情を実に細やかなニュアンスをこめて表現することができます。それは、人間の脳の二つの部位が巧妙に連携してそれぞれの機能を発揮しているからです。それは感情にかかわる部位と、知的機能を果たす部位です。

脳の内側にある感情にかかわる部位は、進化の過程で古くから発達したところであり、外から入ってくる刺激を直接感じとって、快、不快、怖れ、怒りなどの反応を起こしています。この反応は類人猿（ゴリラ、チンパンジー、オランウータン、テナガザル）の脳においても同じだといわれ、ヒトにおいても、反応自体には男女、人種などの差はありません。たとえば、脅威に対しては恐れ、侵害に対しては怒り、喪失に対しては悲しみの反応をし、生き物の生存を本能的に助ける働きをしています。

一方、脳の知的活動をする部位（前頭葉）は、意思、思考、創造などの精神活動をつかさどり、外からの刺激に直接反応するのではなく、主として言語や記号を通してルールに沿って記憶し、言語化し、まとめる働きをします。たとえば、感情にかかわる部位の反応を区別し、名前をつけたり、表現方法を工夫したりするといったことで、たとえば、泣くと助けがもらえると理解すると、助けをもらいたいときは泣くようになるといったことです。

人の表現には、生の感情にそのまま反応している場合と、それらの反応を学習した言葉や方法を使って表現している場合とがあることになります。生まれたばかりの赤ん坊は不快感を本能的に取得した「泣く」という反応で表現しますが、大人は「気持ちが悪い」とか「嫌だ」と言ったり、怒ったり、逃げたりする行動で表現するようになります。ところが、知的活動ができるようになると、大人にとって赤ん坊が泣いていることは不快感だとわかっても、それが「お腹がすいた」なのか「抱いて欲しい」なのか「気持ちが悪い」なのか理解することは困難です。だからといって、言葉でただ「気持ちが悪い」と言われても、それがどれほどなのかはわからないといったことも起こります。言葉で表現しなくても、泣き方が激しいほうが気持ちの悪さや緊急度は伝わるかもしれません。言葉は非常に有力なコミュニケーションの手段なのですが、複雑な心模様やプロセスを伝えるには不十分だし、感情を直接表現されても、細やかにはわからないのが人間の現実です。

一方、人間ほど記号や言語をもっていないように見える他の動物たちは、コミュニケーションに困っているでしょうか。むしろ、感覚や感情の伝達は人間より優れているようにさえ見えます。同じ時期に同じ場所に帰っていく渡り鳥や回遊魚、火山の噴火や地震をいち早く察知する動物たち（ナマズやモグラなど？）は、私たちが考え及ばない能力や信号を活用して互いに伝達し合い、種の生命をつないでいるのではないでしょうか。動物たちは言語による表現はなくとも、細やかなニュアンスを伝える術をもっているかもしれませんし、逆に言語を駆使している人間は、直感とか感情が教えてくれる信号をとらえるのが下手になっているかもしれません。最近、地球をも破滅に追い込んでいる人間は、感覚とか感情表現の世界では動物に及ばないだけでなく、もてる能力さえも十分に発揮していないのではないかと思わされます。

二　デジタル信号とアナログ信号の活用

言葉は、基本的にデジタル信号です。デジタルとは、分刻みで数字が出てくる時計のように、〇分から一分の間は止まっているかに見える表現のことです。つまり、言葉は、ものごとを割り切って表現する手段であり、心のプロセスや複雑な動きの一部を一般化された意味をもつ信号に代えて、取り出して表現する方法です。

一方、感情や気持ちはアナログの動きをしています。それは、時計の秒針のように流れとして連続して変化しており、割り切ることができないものが含まれています。たとえば、「困っている」とか「戸惑っている」気持ちは揺れており、また、「憎くもあるけれど、かわいそうでもある」といった両価的な感情は割り切ることはできません。感情に、良し悪しや○×はなく、論理や思考の対象にはなりにくいのです。感情のような白黒つけがたい動きを表現するには、デジタル信号だけでは不十分なので、人は俳句や詩を生み出し、音楽や絵画による表現を必要とするのでしょう。

実際、人は自身が変化しながら、変化している外界とつき合って生活しています。人の日常は微妙な心情の変化や複雑さに満ちており、その世界こそ、互いに理解し、分かち合いたいのです。特に、言葉を十分に確保していない子どもたちは、このような変化し、ときには割り切れない思いを理解してもらいたくて、さまざまな言動・表現をします。個別性や複雑さを伝えるためには、表情や身振り、声の調子や「泣く」などの非言語表現が必要になってくるのです。さらに、人々が困惑や迷いを感じ伝え合うことは、共感や支え合いを生み出し、割り切ろうとするのではなく両価的な感情に気づくと、論理だけでものごとが進まないことがわかります。私たちは「頭ではわかっているけど、やる気にならない」状況に出会いますが、それは知的に割り切ろうとしていることの無理なことを知らせてくれます。

人は、デジタル信号（知的作業）とアナログ信号（感情的反応）をうまく活用するとき、自己をより的確に表現し、わかりやすい関係ができるのではないでしょうか。一見、混乱や葛藤に見える複雑なやり取りが現実的であり、知的、論理的表現だけのやり取りは、相互理解を深め、関係を充実させ、感情と言葉が織り成す世界の発見や知恵を生みだしていかないかもしれません。

三　デジタル信号の世界が失いつつある感情表現

人が言葉を覚え始め、知的活動をし始めると、子どもが言葉をうまく使えなかった時代のような感情の表現は減退していきます。つまり、デジタル信号、言葉が優勢に働いて、アナログ信号が活用されなくなります。情緒豊かであることは人間の生存、コミュニケーションに不可欠なことなのですが、「感情的」になること（感情をぶつけること）と混同して受けとめることで表現することも軽視していくのです。特に、ＩＴの発達した現代社会では、コミュニケーションや人と人とのかかわりはデジタル信号に頼りがちになり、携帯電話やコンピュータによるメールのやり取りに象徴されるように、もっぱら文字化された信号に依存した人間関係が広がっています。職場では隣席の人にもメールで連絡し、家族は顔を合わせる時間がないことにくわえて、用事だけをメールで伝え、メンバーが外で誰とつき合い、誰とけんかしているかも不明な状況に置かれていきます。

確かに、論理的思考やいくつもの手続きを必要とする課題達成（勉学や仕事）の世界では、デジタル・コミュニケーションは便利で有効です。しかし、かかわりや気持ちの通じ合いが必要なところでは、よほど巧みな文章表現をしない限り、伝えたいことをうまく伝えてくれません。「いや、家族は携帯メールでも十分コミュニケーションできますよ、たとえば『あれどうなった？』『〇』でも大丈夫」と言われたお父さんがいましたが、その家族は常日ごろ、家族同士の直接のコミュニケーションをよくしていて、お互いの考えていること、やっていることをわかっているから、短い言葉で十分だということなのでした。忙しい家族の日常、競争に明け暮れる職場などでは、誰もが挨拶もせずにコンピュータの前に座ってスイッチを入れて文字に向き合い、感情の交流は効率や成果には害と言わんばかりの味気ない時間を過ごしています。ちょっとした労りの声かけやほめ言葉、挨拶には必ず気持ちが入っていますので、人々の心を潤し、互いの状況を感知したり、思いやったりすることにつながるのですが、最近は「お疲れさん」「そのネクタイいいですね」「おはようございます」といった気持ちのこもった表現は少なくなりました。そのようなやりとりが少ない家庭や職場では、自分の言い分を押しつけ合う葛藤や成果を競う論理の攻防に明け暮れています。

今、社会に言葉の暴力が広がっている背景には、複雑さや曖昧さ、細やかな心の動きやプロセスを表現する術を失ったＩＴ社会の言語(デジタル信号)依存があるのではないでしょうか。「うざい」とか「死ね」といった言葉は、自分を侵害されたくない願いや侵害されたことへの怒りを伝えようとしていると思われます。二つの言葉が伝えたい気持ちは「これ以上受けとれません」とか「とても不快です」ということかもしれません。しかし、気持ちを十分表す言語表現ができない子どもたちは、このような言葉を通して相手に「去れ！」と言いながら、「どうにかして欲しい」とも伝えているようです。なぜなら、相手が本当に煩わしく、死んで欲しいなら、自ら接触を断てばよいからです。

暴力的とも思える子どもたちの表現は、子どもに課題や命令の実行をデジタル信号で強要し、子どもの心を侵害している大人への「止めて欲しい」「助けて欲しい」という悲痛な叫びではないでしょうか。困惑や迷い、混乱や葛藤の表現を許していれば、子どもたちはつたない表現でもそれを伝えようとするでしょう。しかし、割り切りよく前進しようとする表現は、「うざい」や「死ね」といった割り切りの言葉になり、大人への怒りは「八つ当たり」のいじめとなって周囲の子どもたちに向けられている可能性もあります。その意味で、いじめている子どももいじめられている子どももＩＴ化した社会の犠牲者であり、また、子どものうつ、不登校、ひきこもりなどの心身の障害も、大人ほど気持ちや状況を言葉で表現しきれない子どもの、心身を総動員した救助信号と受け取ることが必要でしょう。

四　感情の伝達に必要な非言語表現

人は周囲の刺激に対してさまざまな感じをもちます。先にも述べたように、外界の刺激に対する人の感情反応は自然なものであり、それらに良し悪しはありません。また、人の生存には、快、不快、怖れ、怒りなどの基本的な感情があり、その信号を感知するからこそ、自分を護ることができるのです。ただ、人はできることならマイナスの感情体験を避けたいために、マイナス感情は「悪い感情」とされ、感じないように防衛したり、排除しようとしがちになります。

特に、喜びや楽しさなどのプラスの感情は言葉にもしやすく、理解されやすいのですが、悲しみや怒りなどのマイナス感情は、人が受け取ってくれない可能性があるため表現に躊躇し、表現にはかなりの勇気と工夫が必要になります。ただ、幼い子どもは、感情の表現を禁止されてないときは、アナログの非言語表現で感情を表現しているのです。

たとえば、幼い子どもを連れて歩いているとき、子どもが不意に転んで泣き出したとしましょう。それは、率直な感情の表現ですが、子どもが取得した方法の表れでもあります。大人が「大丈夫？」とか「アー、痛かったね」と気持ちを言葉にして対応すると、子どもはほっとして泣きやんだり、甘えた泣き方をするかもしれません。逆に「泣くんじゃない」とか「はい、立って」とか言われると、おそらく、もっと泣くでしょう。ただ、その泣き声の中には、驚きや痛みが理解されなかったことに対する失望や悲しみが含まれているかもしれません。その失望や悲しみの涙も理解されないと、憤慨し、抗議して泣く可能性があります。言葉を知らず、また言葉に毒されていないとき、子どもの感情表現は体験のプロセスに沿って、このように変化している可能性があるのです。

しかし、言葉に頼りがちな大人は、かくも正直で、率直な子どもの感情表現の変化を理解せず、適切に対応できないだけでなく、「うるさい！」とか「いつまで泣いているんだ！」などと反応することもあります。これは非常に貧しい感情表現です。自分の怒りを攻撃的な感情に託して相手の行為を「禁止」しているからです。

泣き声をマイナス感情として嫌い、排除しようとする大人が、子どもの率直な感情表現を×とし、その変化や意味を理解しないとき、子どもは「禁止」というデジタルのメッセージを受け取って、泣くことをやめるかもしれません。そこでは、心のプロセスは×になり、気持ちや感情の表現は封じ込められるでしょう。刻々流れていく感情を非言語的なものも動員して精一杯伝えている子どもの表現が×とされ、気持ちが置き去りにされたとき、次々に変化して幾重にも積もる子どもの気持ちはあふれ、一つ一つの気持ちの変化をしっかり把握することもできないまま、気持ちを閉じていくでしょう。

先のできごとで、もし大人が一回目の反応「泣くんじゃない」で失敗したとき、それに気づいて二回目に「ごめん、ごめん」とか抱きかかえるならば、子どもは憤慨の声をあげることはないでしょう。

感情を理解する道筋は、大人が感情の違いをしっかり受けとめ、それを言語化して理解を伝えていくことです。それがうまくできないと、悲しいのに怒ったり（男性に多い）怒っているのに泣いたり（女性に多い）して、ますます相互理解が困難になっていきます。

気持ちを十分運んでくれない言葉だけのやり取りは、面と向かって接することも億劫になってますます接触がなくなっていきます。一回ですべてを伝えようとするのではなく、面倒がらずにプロセスを伝えるかかわりをしましょう。感情を大切にすることは、それらを良し悪しで判断したりデジタル化したりしないで、流れとしてアナログで受けとめ、非言語表現を動員して表現することです。そのためには人々が直接かかわる場と時間を確保し、日常を課題遂行の思考や論理優先のやり取りで終始させず、互いの存在を心に留めていることを伝える「慰め」「労《いたわ》り」「励まし」「称賛」「感謝」そして「あいさつ」など、アナログのメッセージを加えることが大切でしょう。

十三　「自分を大切にする」とは

一　「自分を大切にする」ことは「生きる力」を育むこと

人はこの世に未熟な状態で生まれてきますが、本能的に自分を護る力をもっています。赤ん坊は生まれたとき、いきなり大声をあげて泣きながら空気を胸いっぱい吸って自分の生命を護ると同時に、母親のお腹にいたときの一心同体の心地よさから、いきなり窮屈な産道を通り抜け、まったく異なった外界へ引き離されたことの苦しみを「助けて！」と訴えていると考えられます。また最近は、生まれた直後、母親の胸に抱きかかえられると、泣き声が穏やかになっていくことがわかってきました。お腹の中できいていた母親の心臓の鼓動や声は赤ん坊にとって安心の源であり、何よりの護りなのでしょう。その後も、子どもはお腹がすいたとき、痛みを感じたとき、居心地が悪いときなど、泣いて必要な助けを得ようとします。自分で自分の面倒をみることができない赤ん坊は、泣くという生得的能力をまず使って周囲から生理的・心理的欲求を充たしてもらいながら自分を大切にすることを無意識のうちに学んでいます。ちなみに、ゴリラの赤ちゃんは母親が二四時間肌身離さず育てるので、まったく泣かないそうです。

与え続ける親、もらい続ける子ども

泣くと親や保護者が欲求をかなえてくれることがわかると、子どもは助けが欲しいとき意識的に泣くようになります。また、泣いても助けが返ってこないことや与えられた助けが心地よくないこともわかってきて、護ってくれそうな人には懐き、慣れない人には人見知りをして近づこうとしないこともあります。さらに、泣くだけでなく笑ったり、怒ったりすることも支援の有効な獲得法であることを理解し、自分の意志でそれらの方法を使い、そのタイミングも図るようになります。これらは「自分を大切にする」言動の芽生えとも言えるでしょう。

一方、親などの養育者は、子どもの成長には子どもの必要を充たし、かつ危険から護る必要があることを覚悟しています。ある家族療法家は、赤ん坊が生まれたら親は一方的に与え続け、子どもはもらい続ける期間が必要であると述べています。また、この親にとって支払い超過とも言える状態は、子どもの満足した様子や笑顔、親がしてくれたことと同じ行動を真似てとることを通して返されていき、徐々に公平な関係になっていくとも述べています。

子どもは養育者の言動を真似て成長するので、自分が得た心地よい言動が多ければ多いほど、それを相手に返そうとし、それを養育者がきちんと受け取ることができれば、それが子どもへのお返しにもなり、与える側と受ける側の相互授受が始まるのです。このようにして関係はゆっくり公平になっていくと考えられます。たくさん甘えた子どもは伸びるとか、心が強くなると言われるのは、このメカニズムを意味しているのでしょう。子どもはギブ・アンド・テイクの中で自分を護る力を獲得し、生きる力を育んでいると言えるでしょう。

完璧でない人間の子育て

逆に、求めても必要な助けが得られなかったり（ネグレクト）、傷つけられるかかわり（虐待）があるとどうでしょうか。最初、子どもは助けを求める試みを何度かしますが、それが無効であることがわかると、泣くという救助信号も出さなくなり、また助けを求めて答を与えられるよりは放っておかれる方が安全なことを悟っていきます。子どもは自分を護るための訴えがかなえられないことで、自分が無力であることを知り、自分の欲求も言動も最低限に抑えます。自分を護る態度を身につけることができなくなった子どもは、一見、聞き分けのいい子に見えるのですが、自分で自分を大切にすることを諦めているかもしれません。

このような極端な場合を除いて、親や養育者は子どもの欲求を完全に知ることも満たすこともできませんし、失敗することはあります。たとえば、赤ん坊がミルクが欲しいと泣いているのに、親はまだミルクの時間ではないと思い、抱いてなだめても泣きやまない場合です。また、子どもがいつもできることをできないと言ったり、欲しいものを要求し続けたりするようなとき、それを甘えやわがままとして親が認めず、応じなかったり、叱ったりする場合です。このようなとき、子どもはお母さんが自分のことを気にかけてくれるか、護ってくれるかを確かめている可能性があるのですが、確かめられない体験をすることになります。

こんなとき自分を護ろうと頑張る力のある子どもはもっと泣き続けたり、欲求を言い続けたりします。そのとき養育者が「わがまま」だと決めつけたり、欲求を否認するのではなく、子どもの再度の頑張りに注意を向け、関心を向けようとするならば、子どもは自らの力を信じることができます。

ところが、頑張る力の弱い子どもは、親の力に屈して自分の思いを諦めたり、自己主張をやめて親の意に従ったりします。「素直な子」「いい子」と呼ばれるこのような子どもは、親の思いのままに動いてくれる「いい子」なのであって、自分を大切にしているかどうか疑問です。相手を大切にする力を発揮しているかもしれませんが、他者の言うとおりにする力と我慢する力は身についても、心配症の大人の過保護、過干渉に応えることに押しつぶされ、自分で自分を大切にする力を育てるチャンスを失っています。

自分の希望を伝えていることが「わがまま」だとされて、大人から悪いことをしているというレッテルをはられた子どもは、「あなたは大切です」というメッセージをもらうことができません。

さらに、相手を大切にしなさいというメッセージを受け取り続けた子どもは、学校でも先生の言うとおりにするでしょうし、他の子どもたちとも自分の思いを自由に交換することはないでしょう。「いい子」は、「いい子」であり続けることによって周囲の人々から大切にしてもらえますが、皮肉なことにそれがいっそう「いい子」に拍車をかけ、相手優先の対人関係をつくり、相手の思いに沿った自分をつくり上げていくことになります。

「わがまま」とは「我がまま」＝「我のあるがまま」の意でもあり、それを発見し、大切にすることこそ、自分らしさを育てることにつながると考えると、周りから注意や指示を受け続け、ダメ出しをされた子どもは、「自分はこれでいいらしい」と思えず自信喪失に陥ります。つまり、自分をある程度信頼し、自分をあてにすることができなくなります。それでは子どもの「自分を大切にする」心は育ちにくいでしょう。

子どもが萎縮していたり、間違いばかりを気にしていたり、自信がなさそうに見えるときは、それに気づいたときがチャンスです。親や教師は、「大丈夫」「できるようになるよ」というメッセージを送ることを始めましょう。

親の理想のために厳しく注意されている子どもが、先生から見るとかなりできていると認められることはあります。それを先生が伝えてくれたり、ほめてくれたりすると、子どもは親の目から見ただけでなく他者の目から、あるいは他の子どもたちとの比較の中で、自分を見直すことができます。逆に、先生から叱られたり、注意されたりして落ち込んでいる子どもを親がカバーするチャンスもあるでしょう。親が子どものやったことや叱られたことに追い打ちをかけるように「そんなことするからダメなのよ」と責めるのではなく、「失敗したことは、次に頑張ればいい」とか、「がっかりしたね」と子どもの気持ちを受けとめる言葉かけをすると、子どもは自分を取り戻すことができるでしょう。

二　人とのかかわりの中で培う周りを信頼する力

このような大人と子どもの交流のプロセスは、子どもにとっても大人にとっても人間の成長にとって大事な試行錯誤であり、とりわけ子どもは数人の他者から護ってもらう体験を通して、自分を護る知恵を獲得していくと考えられます。

このような微妙なかかわりの行き違いや失敗があるので、子どもの周りには主たる保育者が数人いることが必要です。父母のどちらか、保育士や先生、近所の大人などは、誰かが失敗したり、不十分だったりしたとき、子どもにとって必要な助けを補い、取り戻す重要な他者になります。その助けや護りによって、子どもは自分の存在が幾人かの人に認められ、大切にされていることを知ります。また、人は不十分であり、失敗しても大丈夫なときがあり、誰もができることとできないことの両面をもっていることを知ることになります。このような経験をすることにより、子どもは護ってもらえない自分は取るに足りない存在だとか、自分はダメだと思い込むことなく「自分を大切にする」言動の芽を伸ばし続けることができるのでしょう。

子どもが「自分を護る」ために無意識に発したさまざまなメッセージが周りの人々に受けとめられ、たとえすべてに応えてもらえなくても自分を大切にしてくれる人がいることを知ることは何にもまして重要です。この体験は、「自分は周りの人たちを信頼してもいいのだ」「自分はここに居てもいいのだ」という感覚と信頼感を培い、安心して行動する気持ちを支えます。たとえば、公園で走り回ったり、砂遊びをしたり、遊具にチャレンジしたりする子どもを目を離さず見護り、危険なときはすぐに助け、ときには失敗を許し、成功を共に喜んでくれる親や保育者がいるとき、子どもは好奇心に誘われて、新しい行動をとってみようとします。また、難しいことやトラブルを乗り越え、可能性にチャレンジする心を育ててゆきます。

ただ、もし周りの大人が見護ることを怠って大きな事故が起きたり、逆に大人側の怖れや過剰な心配のために子どものチャレンジ心に水を差したり、行動を禁止したりすると、子どもは失敗を怖れ、失敗を悪いことと思い込むようになるかもしれません。とりわけ試行錯誤が重要な幼児期に、親の放任や過保護のために自分の可能性に挑む機会を得られない子どもは、冒険をしたり、失敗をしたりしながら自分の限界を乗り越えるチャンスを失うだけでなく、臆病で自分を過剰に護る心を育ててしまうかもしれません。成功も失敗もしたことがなく、限界を知らない子どもは、できることと、できないことの選択基準が不明確なままで成長します。この状態は、長じて断ることも引き受けることもできない自信のない生き方をつくることにもなりかねません。

子どもたちは、養育者たちとの関係の中で自分を護ってもらいながら、生きる術を身につけていきますが、養育者たちは「あなたが大切だ」というメッセージを常に出しながら、不完全な自分を認め、失敗したときは償う努力をしたり、謝ったりして自分のありのままの姿を見せていくことが大切でしょう。そんな厳しさと正直な姿を見せてくれる大人が周囲にいれば、子どもは自分が完全でなくても大丈夫なことを理解し、その自分を大切にしようとするでしょう。

三　ありのままの自分を受けとめ、肯定する力

人は不完全であり、だからこそ助け合って生きていく必要があることを知った子どもは、助けを求めることも、自ら自分を護ることも素直にできるでしょう。

親や教師は、自分を大切にすることは、自分さえよければいいとか、自分が嫌なことはしないといった自己中心的な愛ではないことを伝えたいものです。また、自分ができないことをうまくできる他者の素晴らしさを尊敬し、同時に傷つきやすさや弱さもある他者をケアする心も素直に表現できるモデルにもなりたいものです。

そのようなモデルになるには、大人がまず自分ができることできないこと、自分の好きなところと嫌いなところ、理想の自分と現実の自分などについて公平に知り、その自分を受けとめていることが鍵になります。できる自分は認めるけれどもできない自分は嫌うとか、好きなところは大切にするけれども嫌いな自分は粗末に扱うというのではなく、どれも自分であることをありのまま受けとめようとすると、人は自分に対してやさしくなります。それは、自分のいいところだけ認める不安定な自己愛でも、悪いところだけを気にする自己嫌悪でもない自己肯定であり、自分らしさとうまくつき合っている姿でもあります。

そのような自分とのつき合いをするには、そのときそのときの自分に気づき、自分で自分の面倒をみようとすることが必要です。たとえば、自分を善し悪しで単純に判断せず丁寧に見ていくと、

それまで知らなかった自分の側面に気づいたり、少し大切にして伸ばしてみたいところを発見したりすることがあります。たとえば、神経質で細かいところが気になり、いつも安心できないことを欠点だと思っていたけれど、それが他者への配慮や仕上がりのいい仕事の結果に反映していることがわかると、神経質の悪い面だけを変えることはできないことに納得して、ありのまま受けとめ、大切にしようと思えるようになります。それはとりもなおさず、自分を大切にしてみようとすることになるでしょう。

ありのままの自分を受けとめることができるようになれば「しめた」ものです。人の目や評価を気にすることは少なくなり、本来の自分をオープンに表現するようにもなるので、一層自分らしくなっていきます。また、自分がいいと思っているところの裏にはその影があり、自分の影として気にしているところの裏にはそのよさもあることもわかってきて、両方を含めた自分がかけがえのない存在だと受けとめることができるでしょう。

自分を大切にするとは、他者とのかかわりの中で自分が大切にされ、自分以上でも自分以下でもない自分を知り、唯一無二の自分を育て、ときには他者の支援も求めつつ自分の面倒をみていくことではないかと思います。

文献

Boszormenyi-Nagy, I. & Krasner, B. R. (1986) Between Give and Take: A Clinical Guide to Contextual Therapy. Brunner/Mazel.

十四　家族の多様性をめぐって

――家族の多様性が意味すること――

一　現代家族の多様化の諸側面

「家族とは何か」と問われて、今、包括的、普遍的に定義ができる家族は存在しないのではないだろうか。

家族は、かつて「婚姻、血縁、同居を基礎とした生活共同体」と定義されていた。ところが近年、単身家族、子どものいない家族、一人親家族、別居の家族は増え、里親や養子縁組、子どもを連れた再婚の親子といった血縁関係のない家族、男女の同棲と事実婚、同性のカップル、起居を共にする同士のコミューンといった制度上は認められないながら精神的つながりを重視した家族のような生活共同体も存在する。現代人は、男女の婚姻、血縁、同居を前提としない多様な形態の「家族」

をつくることができるようになったのである。

現代家族は、構成員の欲求と事情を満たすことができれば成立するので、家族に求められる機能にも多様性がもたらされた。たとえば、夫婦に限られていた性関係と生殖欲求を満たす機能は拡散し親が担ってきた養育・教育機能は外部に託すことができる。とりわけ、高度産業化社会において、家族は自分と家族の消費資源を獲得する機能を課せられることになり、そのために多大な時間とエネルギーを消費することになっている。皮肉なことに、そこでは、より高い能力の開発や自己実現を目指す者、仕事という生産活動に専念する者、家族員のケア欲求を満たす者といった機能の分担や拡散が起こり、家族構成員が生活共同体に求める親密さや相互ケアの欲求を満たす機能は失われつつある。

必然的に、家族の問題も多様化している。定義ができないほど形態も機能も多様化した家族は、誰が、何を目的に、どのように形成するのか、血縁や同居を基本とした親密なかかわりの中で担われてきた育児やケアは誰が負うのか、家庭内暴力や夫婦の不和・不倫といった親密さを裏切る言動は何を意味しているのか、父・母・子という血縁はかつてと同じ意味を持つのか、家族の問題も複雑になっている。

さらに、このような家族の形態・機能・問題の多様化は、グローバルな社会・文化・自然環境の変化と相互に依存し合って進んでいることを考えるとき、基本的に他者との相互ケアなしには生きていくことができない人間にとって、家族の支援とは何か。家族心理学への新たな問いも提起されていると言える。

家族社会学では、家族は、人々が移動せず、定着して農業で生活するようになって始まったと言われている。農業に携わる人が少なくなった現代社会で、家族はどんな意味があるのか。これまで定着して暮らしていた家族が家族に求めていた機能のうち何が残るのか。逆に、従来のような家族形態がなくなったとき、私たちはこれまで当然のように求めていた家族機能を、誰に、どこで求めれば充足されるのだろうか。

家族心理学や家族研究の中では、人間が生きるためにこれまで家族が担ってきた家事、養育、賃金労働などの機能がなくなるとしたら、家族に残される機能は何か、議論されている。家族メンバーに家族に求めるものは何かを問うと、「親密さ」という答えが返ってくる。研究者たちも「親密さ」だけが家族に求められる機能として残る可能性を考えている。

家族心理学を学んだとき私たちが受け取ったシステムという関係性の視点は、ものの見方を大きく変えることになったが、家族の形態と機能が変化しても、父・母・子という血縁関係は変わらない。しかし、養育やケアの機能はどうなっていくのか。社会が養育を担うキブツの試みにも、現代では異なった意味と方法が課せられるのだろうか。人の養育とケアの機能をめぐる問いは、現在も続いている。

また、その問いの中には、家族をめぐるモラル、換言すれば倫理的、精神的な問いも含まれていることがわかる。生物的・心理的・社会的であると同時に、倫理的・精神的存在でもある人間が、これまで家族に求め、家族からしか得られないものがあるとしたら、それは何だろう。

本稿では、宇宙までも征服しようとしている二一世紀の人間は、何を求めて、どのように生き延びようとしているのか、家族の多様化を切り口にして、考えてみたい。

二　家族研究・家族支援（者）の多様化

多様化が宇宙的な規模で相互作用していることを考えると、家族システム理論は、すでに現代の家族はもちろん、グローバルな規模での生態の変化を予想していたということになる。ただ、多元的、多重的変化やそこから生起する問題を予測することは無理だということも理解できるだけに、家族心理学や家族支援の方向も予測できることとできないことがある。臨床の問題の解決や支援は後追いになりがちなのだが、ここでは、家族心理学の研究と実践のプロセスを簡単にたどり、今後の課題を考えることにしたい。

1　第一次サイバネティックスによる支援の時代

個人、家族を含めて生態のありようをシステミックな視点でとらえる必要性に最初に気づいた先達は、個人療法の中で家族メンバーや家族全体の様子を聞くチャンスをもち、数人の家族メンバーに会わざるを得ない状況に出会っていた。その結果は、同じ家族についての語りが、家族メンバーによって異なること、問題とされることも違っていることがわかった。しかし、各家族メンバーは自分の見方が「本当」だと主張し合い、その葛藤が家族の主な問題であることもわかった。

つまり、問題は個人にあるというよりも関係の仕方、関係の結果として生じていることがわかったのである。その関係性の理論化が家族システム理論であり、関係性の問題の発見は解決法も変えることになった。支援の目的は、誰かを変えるのではなく関係性を変えることになり、そのためには関係性を見る視点、理解できる人が必要になったのである。

初期の家族療法家たちは、家族のかかわり方や問題への取り組み方、家族づくりのプロセスや家族間コミュニケーションなどを観察し、メンバーの相互作用の中で生じる問題を解決する支援を考えた。支援を求めている家族と面接をしながら、多くの家族の関係性の問題が抽出され、理論化されて、関係性の変化を起こす技法や考え方も創出された。それらは、現在も家族療法理論として有用であり、個人療法では活用されないような技法の開発にもつながった。

家族関係を観察し、理解して、関係を変える支援をする理論と方法は、第一次サイバネティックスと呼ばれる。セラピストは観察者の立場に立ち、家族の外側から家族を支援するイメージである。関係に巻き込まれて関係性が見えなくなっている家族に第三者がかかわることで、関係性を理解し、関係性を変えることが可能になるというわけである。

一九七〇年代、北米ではすべての心理療法は家族療法にとって代わられるのではないかという勢いで家族システム理論によるアプローチが広がっていった。研究休暇中にそれを北米の大学で学んだとき、私は「目からうろこ」の思いと同時に、学生相談での親子のかかわりのメカニズムを理解することができた。学生相談で学生の見方を支援する立場に立つと、親は学生の自立の邪魔をしているように見えた。関係の問題として理解すると、支援の視野と方法は確かに広がったのである。

2　第二次サイバネティックス

ところが、家族心理学、家族療法の実践家たちは、間もなく関係性の支援の実際は、そのように進んでいないことに気づくことになった。つまり、家族を外から支援をしているつもりのセラピストが自分を含めた支援のかかわり全体を鳥瞰する目をもったのである。

そうすると、セラピストは第三者として外部から変化を支援しているのではなく、支援は、実はセラピストも含めた関係性の中で行われており、それを意識した支援なしに、支援は成立しないことがわかったのである。これをサイバネティックスのサイバネティックス、あるいは第二次サイバネティックスと呼ぶ。

第一次サイバネティックスの時代、家族はセラピストによって外から変えられる存在だと認知されていた。第二次サイバネティックスでセラピストを見ると、変化を必要とする人々の中で各メンバーとも全体とも交互に作用し合っており、自分と無関係に家族が変わることはない。つまり、支援のテーマは、セラピストも含めた関係がどう変われば家族の関係が変わるかということになる。その意味で、観察者が外から関係を変えるという方法は、メンバーの振る舞いやかかわり方の変化にとどまりがちになる。一方、家族システムの一部としてセラピストがかかわりながら支援する方法は、セラピストと家族のかかわりのプロセスを通して「関係性のルールの変化」が起こる。その結果、セラピーが終了し、セラピストがいなくなっても、新たな関係性のルールに従った関係が家族を支える。これを第二次変化と呼ぶ。

システムを外から見て変えていくという認知は、セラピスト自身が家族と共に「今・ここ」のシステミックな関係性・相互依存性を創造するかかわりという認知ではない。人々がシステムとして存在し、個人・家族・社会のメンバーとして関係性を生きる体験学習がセラピーであり、そのような認知からのセラピストのかかわりが必要になる。

その意味で、第二次サイバネティックスの時代に、とりわけ注目されるべきは、情報処理過程の鍵を握るコミュニケーションだろう。第一次サイバネティックスの時代に開発されたコミュニケーション学派の理論と技法は、関係性と全体の相互作用を理解する鍵として、現在も心理支援全体に大きな影響を与え続けている。人々のコミュニケーションは、単に理解やかかわりをつくるだけではなく、メッセージを発した者が影響を与え、受けた相手は反応して、それを何らかの形で返し、相互交流の循環を始める。それは、与えた影響に対する相互のフィードバックであり、それは人々の情報処理の過程を示している。

コミュニケーションを情報処理過程として理解することで、多様な要素によるコミュニケーションの機能が理論化されることになった。ここでは詳しく述べないが、「二重拘束のコミュニケーション」「相補的・対称的コミュニケーションによる関係のスタイル」など、関係性を理解するヒントと関係性に変化を起こす技法が開発されていった。

コミュニケーションの理論によれば、ものごとの理解はその場の文脈を体験している当事者の視点のみで理解することができるのであり、その意味で、それぞれの発言やメッセージは「参加の認識論」(Becvar & Becvar, 2013) になる。それが、家族の日常で起きている葛藤や問題になり、面接の中ではメッセージの意味を理解する視点を語り、フィードバックすることで理解を深めると、問題がなくなるのである。

このように私たちの日常が見えてくると、生態システムの命は、目的をもたない流れのプロセスであり、オートノミーレベルの変化としての自己生成のプロセスをたどっているオートポイエーシス（autopoiesis＝自己創出）として受け取る見方が生まれた。私たちが生きている世界全体はオート（自動的）に創られたり、壊されたりしているシステムであり、心的システムは思考やイメージの不断の変化、社会システムはコミュニケーションの継続的構成ということになる。

3　ポストモダニズム（社会構成主義）から見た支援の時代

このような認識の変化の流れの中で二〇世紀の終わりに登場するのが、ポストモダニズム、あるいは社会構成主義ともいわれる認識論である。一言でいうと、人々のものの見方は社会が構成し、言語によって伝えられるという主張である。

産業革命以後の科学と知識による啓蒙運動は、理性ある人間の真実、つまり普遍的法則と価値に染まらない知識の発見の可能性を信じ、言語による科学的報告による「真実」が人類の発展につながるという希望をもたせた。一方、二一世紀を迎えるというのに、原子力は人間の脅威になり、環境汚染が広がり、経済格差、政治の不公平などの問題はなくならないどころか、増えている。産業革命以後、近代（モダン）が追求してきた科学の進歩は、果たしてより良い世界を導くことになったのか、科学者を含めて人間が追求してきた「真実」はこのように利用されてよかったのか、この現実を招いた人間の思考や認識はどうなっているのか。言わば、人間自身へ問いを向けることになった。

人間のものの見方とそれを語る言説、あるいはディスコース（discourse）が注目されるようになったのである。追求してきた「真実」を誰が、どのように理解し、どのような意図で、どのように語るか、それを聞いた人はどう理解し、どのような対応をするか、そのくり返しと循環はどのような人々にどのような形で利用され、社会がつくり出されているのか、ということが問題になったと言えるだろう。

社会構成主義を主張する理論家たちは、社会的運動や啓蒙活動、政治的・経済的力の移動、性・権力・役割などの差異を利用する人間の性向は、ものごとの認識と表現に大きな影響を及ぼすことを強調する。言説には、客観性を語る「脱価値の科学」の言語はなく、言説とは根拠のない、歴史的産物としての言語表現の一つなのだが、それが社会や時代の「真実」であるかのように語られ、力をもったのが近代であった。その意味で、ある価値を共有する人々の集団には、集団が共有する言説（discourse）があり、また、そこにはその言説に馴染まない人、そこから疎外される人も出てくることになる。

誰もが「真実」を語ってはいないし、誰も「真実」を知らないのであれば、私たちのやり取りは、「私はこう思いますが、あなた、どう思いますか」といったものになるだろう。それが、互いの自分らしい生き方に刺激や意味をもたらし、また視野や展望を開くのではないか。本大会のテーマである多様性は、唯一無二の「真実」の探求にとっては混乱の元に見えるかもしれないが、現実的な認知に近いと言えるだろう。

三　現代家族研究・支援の課題

1　唯一の真実を示す理論モデルはない

「世界が人間の知覚と言語によって社会的に構成されている」とするならば、現代の家族研究、家族支援において、唯一の「真実」を示す理論モデルはなく、特定の問題と文脈に有用なモデルがあるだけだということになるだろう。ガーゲン（Gergen, K. J. 1991）は、「①世界（真実）はそこにあるのかもしれないが、それを正確に知ることは誰もできない。だとすると、②特定の状況における、特定の問題の支援にかかわる、特定の支援者の、社会的に構成された発言が変化をもたらすと考えるしかない。③ある発言が、かかわりのための手段だとすれば、発言を抑制する必要はない」と述べている。それぞれの言葉や表現は、発言者が感知している側面、あるいは他者に感知されていない存在の側面について言い当てようとしていることになるので、誰もが何を言うかは自由だが、状況に合った特定の発言が変化をもたらす、ということになる。

2　統合的アプローチ・多元的アプローチが意味すること

そこに登場するのが統合的アプローチ・多元的アプローチである。「私にはこう見える」と伝えることが援けになるかどうかが問題だとすれば、統合的アプローチは、ある文脈の下で相互依存的に存在する要素を統合的、鳥瞰的に理解する努力の一つということになるだろう。本学会のテーマ、多様性という視点からすると、ものの見方はポストモダンでなければならないとかモダンではいけないという問題ではないことになる。そこではじめて私たちは相互交流ができることになり、「真実」を追求するとか「あるものの見方は排除される」といったことではなくなる。

家族研究・家族支援の中で、問題とその文脈に意味ある変化をもたらすことが課題であるので、人々は、恥じることなく、おじけることなく、自己を語ることが必要だろう。他者の言葉、自分と違った考え方を否定したり、排除したりせず、できる限り相互交流させることが、個人も家族も、ある集団も意味あるそれぞれの位置を見出す助けになるのではないか。そんな場が確保されるとすれば、現在のような支援は、もしかしたら専門家の仕事ではなくなるかもしれない。

3　回帰的宇宙・多様性の相互依存がもたらす協働―課題達成と関係維持の必要性

私はこのようなことを考えながら心理支援を行ってきたが、この働きは、今や、キャリア開発、あるいはキャリアをどう生きるかという視点からの支援と言い切ってもよいと考えるようになった。実際、英語圏では、「キャリア＝人生路・生涯」支援とは、文字通り一人ひとりが「生涯、どう生きていくか」の支援であり、北米ではキャリア・カウンセリングはカウンセリングと同義的に使われてきた歴史がある。また、カウンセリングの実際においても、家族支援は、仕事（稼働）支援と切り離すことができず、仕事支援の裏には家族支援が潜んでいる。つまり、人間が生きる上で、稼働役割とケア役割は同時進行しており、仕事・職業と家族のケアは切り離せないのである。日本では「キャリア」を「職業」と翻訳してしまったこともあって、キャリア支援とは職業の支援と狭義に受け取られることが多いが、その考え方は近代のものの見方の影響も大きく受けており、北米でもその傾向が強かった歴史がある。

表1「近代キャリア支援変遷の三段階」(二五〇頁)は、一九〇〇年代にキャリア・カウンセリングとして開発されてから、現代にいたるまでの広い意味でのカウンセリングの変遷と見ることができる。

また、キャリア・カウンセリングは近代の産物であり、生活が仕事(稼働と自己実現)に偏重された時代の傾向も見て取ることができるが、サヴィカス(Savickas, 2011)は、キャリア支援の変遷をポストモダニズムの視点から分類して、職業ガイダンスと呼ばれた支援から、キャリア教育と呼ばれる時代へ、そして、二一世紀の支援こそキャリア・カウンセリングと呼ばれる支援になったと述べている。

職業ガイダンスの時代は、一九〇〇年から一九六〇年代ぐらいで、クライエントは演技者としてガイダンスを受ける人であり、職業指導を受けて、その役割を演技し、行為する人になる。つまり、個人差の視点から科学的、客観的に個人の特性と職業の適合を分析し、タイプの相似性を基にマッチングする支援である。そこでは、査定が重要であり、さまざまな心理テストが開発された。現代でも活用されている代表的なものにホランド(Holland, 1997)のＶＰＩ職業興味検査がある。家族療法の第一次サイバネティックスと重なるところがあることがわかるだろう。

キャリア教育の時代とは、生涯の生き方支援がマッチングという方法では十分な支援にならないことによる支援法の変化を意味している。適性に合う仕事が不要になったり、新たな知識や技術が必要になったりする時代の産業界では、生涯に一度の職業選択の支援では済まされなくなった。つまり、どのような変化が起こっても、自分で職業を選び、キャリアを形成していける能力をもった人の支援が必要になったと言える。

サヴィカスは、それをエージェント、主人公の教育と呼んだ。人生の主人公になるためには、主観的な個人の発達の観点から新たな態度や信念・能力を開発し、職業上の適応性を育て、自分自身のキャリアをマネージする主体性の発達と教育をすることがキャリア教育だというわけである。

この時代のキャリア教育の代表的なリーダーが、スーパー（Super, D. cf p.259（二五〇頁参照））で、彼は、カウンセリングの課題を単なる進路や職業の選択にとどめることなく、キャリア形成の支援からのキャリア選択、再開発、定年前後の人生設計までを含めており、人生の役割としても、誰もが子ども、学生、余暇人、市民、労働者、家庭人、その他の七つの役割をとって生きていることを視野に入れた支援の必要性を説く（American Career Development Association, 1994）。ここでは、すでに仕事か家族かといった葛藤の問題が含まれたキャリア教育が展望されていると言えるだろう。

その意味で、日本ではキャリア支援が旧態依然としていると言えるだろう。相変わらず適性検査と偏差値による進路指導がなされ、生涯を見据えたキャリアの展望がないことによる知的課題解決を中心とした仕事・職場とケア労働、親密さを求める家族・家庭との分離が続いている。サヴィカスは、二一世紀はキャリア・カウンセリングと呼ばれる時代になったと言って、ポストモダンのライフデザインを考える支援についてその特徴を述べている。クライエントは援けを求めているとはいえ、その支援とは、「自分はどんな人生の著作者に成るのか」、「どのような人生の企画体になるのか」を探ることであり、二一世紀は自分の人生を自分で著述する人を育てる時代であり、それがキャリア・カウンセリングの目的になった。キャリア・カウンセリングの場では、自分が生きてきた道をふり返り、自分の特徴を再発見しながら、キャリアを再構成することが行われる。

自分の人生を自分で著述するということは、すでに存在するものを選べる人になるのでもなく、生きる場で必要とされ自分ができることを創る人になることである。これは、一見、いかにも大変な作業に思われるかもしれないが、今、周りを見回すと、それを実行している人は多い。いわゆる起業である。「この会社で不適応を起こすと、どうにかして自分を適応させる」のではなく、「自分で自分の仕事をつくり出す」ようになっていくことでもある。二一世紀のキャリアとは、自分で企画しながら、それを実行することであり、その中には仕事と家族の分離というもっともらしい社会の言説（discourse）に疑問を抱き、見失った自分を取り戻し、自分の生涯をデザインする方向性が考えられる。そんな支援には、マッチングもキャリアの再検討も、企画も必要だろうし、来談という転機には、クライエントも支援者も先述したガーゲンの「発言を抑制する必要はない」が、「特定の支援者の特定の発言が変化をもたらす」ことが望まれる。多くのクライエントの語りが自分の失敗として、あるいは他者の責任として語られたときに、その言説をどう受けとめ、どのように活用して未来を広げ、生涯をどう再構成していくか、それがセラピストの支援である。

ハンセン（Hansen, 1997）は、『キャリア開発と統合的ライフ・プランニング―不確実な今を生きる六つの重要課題』の中で、二一世紀のキャリア・カウンセリングの課題を、①グローバルな変化の中で、なすべき仕事を探す、②意味ある全体性を生きる、③家族と仕事をつなぐ、④多元的共存、⑤個人の転機とシステム（組織・環境）の変化への対処に必要な「変化を生みだす主体」となること、⑥スピリチュアリティ（人間の不完全性の自覚）の追求としている。

おわりに

あらゆるものごとが限りなく多様化し、それをかなり広範に経験することもできる現代は、家族メンバーが家族に求め、また家族に対して果たしてきた機能も他の方法でさまざまな形で満たすことができる可能性がある。その中で、これまで家族が生活を共にし、言葉を交わし、メンバーの違いや変化に長期間、継続的に細やかにつき合うことで得られる安心・安全（温もり・親密さ）は、もしかしたら家族以外が担うことができない「特別なケア」として残るかもしれない。一方で、賃金労働とケア労働がそれぞれ労働市場と家族で分担され、誰もが生存する上で必要なケアと親密さの授受を家族だけに限ってよいということにはならないだろう。

家族の多様性が象徴する家族心理学の課題の一つは、生活の場の違いによる課題達成機能（稼働）と関係維持機能（ケア）の分担ではなく、生活全体を通した両機能の同時進行の実現であろう。その進行のプロセスでは、あらためてより適切な課題達成機能の専門化と分担、ケア機能の専門化と分担が産まれるかもしれない。

家族支援というケア専門職の課題と機能には、まず、課題達成とケアが同時に成り立つような人々の生き方を可能にする支援があるだろうか。それは、また、セラピストが自身のキャリアの企画体として、どのようなテーマで、次の機能を創るかをみちびくことになるのだろう

参考文献

Becvar, D. S. & Becvar, R.J.（2013）Family Therapy: A Systemic Integration（8th ed.）. Pearson: Boston.
Cooper, M. & Mcleod, J.（2011）Pluralistic Coullselling and Psychotherapy. Sage: London.（末武康弘・清水幹夫監訳（二〇一五）『心理臨床への多元的アプローチ—効果的なセラピーの目標・課題・方法』岩崎学術出版社）
Gergen, K.J.（1991）The Saturated Self : Dilemmas of Identity in Contemporary Life. Basic Books: New York.
Hansen, L. S.（1997）Integrative Life Planning : Critical Tasks for Career Development and Changing Life Patterns. John Wiley & Sons: San Francisco.（平木典子・今野能志・平和俊ほか監訳（二〇一三）『キャリア開発と統合的ライフ・プランニング—不確実な今を生きる6つの重要課題』福村出版）
平木典子（二〇一〇）『統合的介入法』東京大学出版会
Holland, J.L. 1997 Making Vocational Choices : A theory of Vocational Personalites and Work Environments.（3rd ed.）Psychological Assessment Resources : Odessa.（渡辺三枝子・松本純平・道谷里英訳（二〇一三）『ホランドの職業選択理論—パーソナリティと働く環境』雇用問題研究会）
National Career Development Association 1994 From Vocational Guidance to Career Counseling :

Essays to Honor Donald E. Super, The Career Development Quarterly, Vol.43. No.1.（仙崎武・下村英雄編訳（二〇一三）『D・E・スーパーの生涯と理論』図書文化社）

Savickas, M. L. (2011) Career Counseling. American Psychological Association : Washington. D. C.（日本キャリア開発研究センター監訳（二〇一五）『サビカス　キャリア・カウンセリング理論―〈自己構成〉によるライフデザインアプローチ』福村出版）

十五　ワークとライフをつなぐ働き方を考える

――ライフキャリアという考え方―ワークとライフをつなぐために――

「カウンセリングをやっている平木さんがなぜここにいるんだろう」と思う方もいらっしゃるかもしれません。私の自己紹介から始めたいと思います。私は、一九六〇年代にキャリア・カウンセリングを学ぶためにアメリカに留学しました。その時代、カウンセリングとキャリア・カウンセリングには、それほど大きな区別はありませんでした。英語では、キャリアは「仕事」という意味よりは「生涯の生き方」といった意味があります。後でまた詳しくお話ししますが、キャリア・カウンセリングとは「生涯の生き方のカウンセリング」ですから、カウンセリングとほぼ同じことを意味していました。つまり、私は、一九六〇年代にキャリア・カウンセリングの勉強のために留学し、それ以来、私にとってキャリアは仕事ではなく、生き方だと思ってきたといういきさつがあります。

帰国したのは一九六四年で、まもなく大学の学生カウンセリングを始め、以来、カウンセリングにかかわってきました。最近、日本ではようやく公認心理師という心理臨床職の国家資格が認められるようになりましたが、その直前まで、日本では、日本臨床心理士資格認定協会認定の臨床心理士の資格が心理臨床専門職として認められてきました。私は、その資格認定が始まる直前に、日本女子大学心理学科で臨床心理士を養成する大学院の創設にかかわり、臨床心理士の養成に携わっておりました。

学生カウンセリングを実践していたころの後半、私はカウンセリングの幅を広げ始めていましたが、臨床心理士を育成するようになって本格的に取り組んだ理論・技法が家族療法です。カウンセリングでは、生涯の生き方の支援の中で、主として個人の心理的支援をしていましたが、心理的外傷体験の治癒にかなりの力を注ぐ必要がありましたし、とりわけ家族からの自立の支援を必要とする学生が多く、家族関係の理解と支援の必要性は明らかでした。そこで、一九八〇年代の終わりに研究休暇を活用して、北米で家族療法を学び、帰国して学生カウンセリングに家族療法の考え方を取り入れました。

今日の私のテーマは、ワークとライフをつなぐということですが、それは支援として、キャリア・カウンセリングと家族療法をどうつないでいくかということです。心理療法を実践するプロセスで、人が生涯をどう生きるかということを考えるとき、家族は常に家族メンバーの生涯の生き方にかかわり続けていますので、家族とキャリアは切り離すことはできません。今日は、そのような私の経験から、心理療法・カウンセリングの実践、心理臨床家の育成、そして、自分もキャリアを生きてきた者として、三つの視点から話をいたします。

概要は、まず、導入で、キャリアという用語について確認します。英語から日本語に翻訳されたときに生じた問題が現在まで引き継がれているように思います。そして、その問題は日本のキャリア支援に陰に陽に影響を及ぼしています。北米との比較をしながら考えてみたいと思います。次に、キャリア支援の開始から現在まで、北米では三段階の変遷があると言われていますので、その段階と特徴について述べます。最後に、ポストモダン（Postmodern）と言われる二一世紀を迎えて、近代を超えると言われる「社会構成主義」の視点から現代人のキャリア、つまり「生涯の生き方」がカウンセリングの世界ではどのようにとらえられるようになっているかということについてお話しし、その視点から、ライフとワークをつなぐとは、どんなことなのかということを考えてみたいと、思っています。

一　キャリアをめぐる用語と概念の変化

カウンセリングとかキャリア・カウンセリングという言葉が初めて使われたのは北米で、一九〇九年だと言われています。そして、一〇〇年以上前から北米ではこの言葉には深い意味が込められていました。カウンセリングという言葉は、一九〇九年にボストンで使われ、現在に至っています。カウンセリングの発祥の地はボストンであり、現在のキャリア・カウンセリングの考え方が誕生したのでした。

カウンセリングの歴史をふり返ると、それはVocational Guidanceとしてのカウンセリングの時代が始まったということになります。当時、vocationとは「天から授かった任務」という意味ですので、天職としてどんな仕事をして生きるのかということを指導することという意味の「職業」だったと考えられます。この考え方が一九五〇年代の後半、戦後の日本に導入されたとき、日本人はそれを「職業指導」あるいは「職業ガイダンス」と訳しました。以来、日本では vocation は職業とされてきました。一方、北米では、vocation を career（キャリア）に変えて、言わば「天から授かった任務」から「生涯の生き方」の支援として、カウンセリング、あるいはキャリア・カウンセリングを考え、実施してきました。しかし日本では、キャリアも職業と訳しましたので、その変化の意味はうまく伝わりませんでした。後に、その意味が再確認され、最近では「キャリア」と仮名にするようになりましたが、現在でも英語圏の人たちがもつ本来のイメージとは異なったイメージでとらえてきたように思います。

というのは、実は英語で職業とは、働くことにかかわる仕事の具体的な内容や性質を表す言葉であり、それを表すいくつもの言葉があります。occupation（＝専業の仕事）、profession（＝専門職）、vocation（＝天職）、work（働くこと）、Job（課された作業・任務）などが使い分けられます。おそらく英語圏の人々は、職業と career、vocation は異なった意味をもって受け取るでしょうから、vocation から career への変遷は、大きな意味をもち、同時にキャリアを仕事と受け取らないように、あえて、「ライフキャリア」という言葉を使う人たちが出てきました。つまり、キャリアは仕事や職業ではないことを強調したい思いが込められています。キャリアを考えるときは、「生涯の生き方を思い描きましょう」ということであり、それは仕事＝人生ではないということを意味します。北米では、子どもたちが物心ついたときから、もちろん小学校でも、「あなたたちはどのように生きるのですか」、と考えながら、指導（ガイダンス）をし、カウンセリングをすることになります。そして、二一世紀を迎えるにあたって、ライフキャリアという言葉は、さらに固定した職業や仕事ではなく、それを超えた生き方を意味する言葉に変化し始めました。概念の変化に伴う生涯の生き方については、あらためて最後にお話しいたします。

二　キャリア支援のパラダイムの変遷

北米のキャリア・カウンセリングの専門家の中で現在リーダー的存在であるサヴィカス（Savickas, 2011）は、パーソンズ（Parsons）により一九〇九年に始まった北米のキャリア支援の歴史を大きく三期に分けて説明しています。表1をご覧ください。「職業ガイダンス」の時代から、「キャリア教育」の時代を経て、「キャリア・カウンセリング」の時代へと変遷し、その内容も変わったというのです。サヴィカスによれば、キャリア・カウンセリングと呼ばれる実践ができるようになったのは最近だということになります。

1　職業ガイダンスの時代（一九〇九～一九八〇頃）

職業ガイダンス、あるいは職業指導の時代とは、今、日本で私たちが職業相談とかキャリア・コンサルテーションとして実践していることとほぼ同じです。その点で、日本のキャリア・カウンセリングの考え方は北米とは異なったプロセスを歩んでいるというか、遅れているかもしれません。

表1　キャリア支援の変遷（Savickas, 2011, 邦訳 2015, p.17）

職業ガイダンス	キャリア教育	キャリア・カウンセリング
演技者	エージェント	著作者
数値	ステージ	ストーリー
特性	課題	テーマ
相似性	レディネス	内省性
マッチングする	実行する	構成する
客体 object	主体 subject	企画体 project

つまり、日本のキャリアにかかわるカウンセリングをしている人々の多くは、現在でも「個人がどのようなパーソナリティーと能力を持っていて、その特徴と価値観を背景に、どのような職業に就いたらよいか」、言わば職業と個人の特性をマッチングさせる相談をしている人が多いのですが、その意味で、職業ガイダンスの時代と同様のことを行っている、あるいは、それをキャリア・カウンセリングだと思っているようです。

このような支援をする時代をサヴィカスは、職業に就く、あるいは職業に就こうとカウンセリングや指導を受けようと思っている人たちは「演技者」と見られていると言います。仕事をする人は、その人の特徴をテストなどで明確にし、職場で求められる特性や能力を使って仕事をしていく演者、行為者としての存在であり、客観的な視点から調べた特性と職業の類似性の発見が支援だとされているというのです。その意味で、職業指導は適材適所の支援・指導です。

職業指導は近代に始まったことですが、その時代、キャリア支援は主として職業選択のためのガイダンスをしています。職業選択はクライエントのファクターとしての個人の特性の違いという視点から、職業との類似性を発見し、客観的に両者のマッチを考える支援ということになります。そのときの客観性・科学性とは、心理学における特性因子理論に

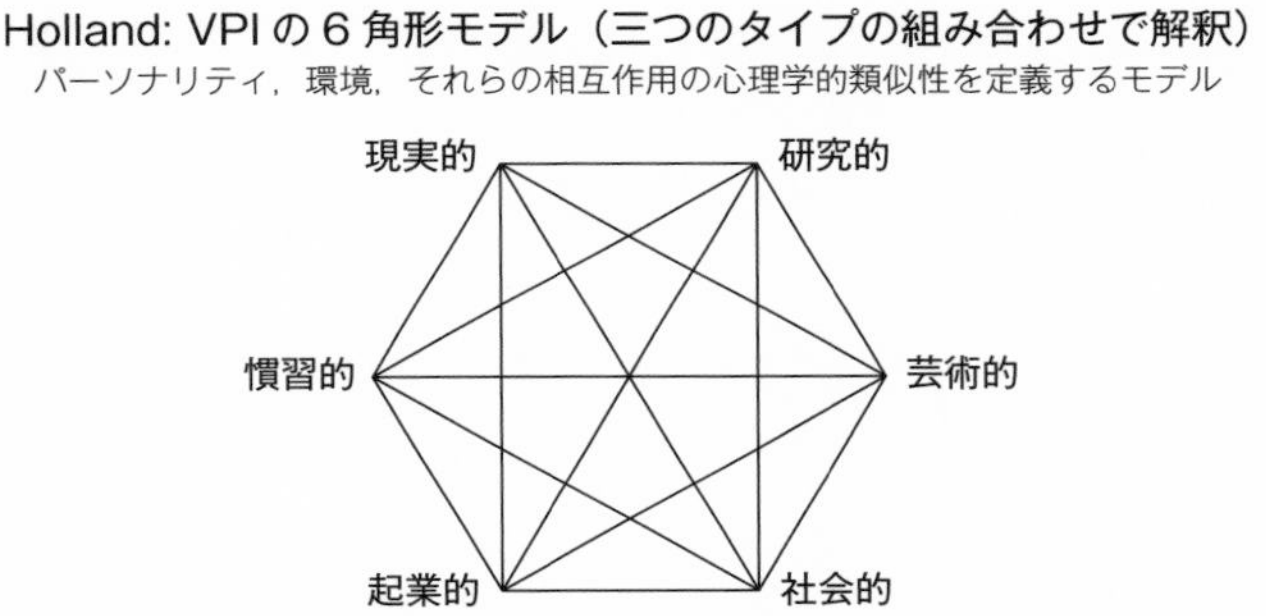

図1　Holland（1992）の個人のパーソナリティ・スタイルと職場環境の適合モデル

よります。個人は、いくつかの特性の束から成り立っており、たとえば、一般的知能、運動の敏活さ、攻撃性、几帳面さなどを他者と比べてどれくらいあるかといったことを計測し、それぞれの特性因子がどのような束となっているかによって、職業との適性を考えようとしたのです。そのためには、適性を調べ、能力を量るテストが開発され、実施されます。そして、その適性を職業とマッチングさせる支援をすることが、適材適所のカウンセリングになるのでした。

そのような指導に活用されているテストに、ホランド(Holland, J.L.)の「個人のパーソナリティ・タイプと職場環境の適合モデル（ＶＰＩ）」（図１）があります。

ＶＰＩを受けると、図１の六つの職業の特徴を各人がどのくらい持っているかを調べることができます。六つの特徴からより高い三つの特性を組み合わせると具体的な職業が考えられ、選択に役立てようとします。たとえば、「現実的」、「慣習的」「起業的」が高得点だとすると、今まで自分が持っているものを大切にしながら、現実ではその活用を考えることになるでしょう。そして、それが現在あるものの中に見出せない場合は、自分で創ることを考えるということになります。最近、専業主婦だった女性が、それまでの経験を活かしてお店を開いたり、企業に勤めていた人が独り立ちして仲間とＡＩ会社を設立したりすることなどがその例です。その意味で、この方法は現在でも非常に有効で、このような視点からの支援をするときに活用されています。

２　キャリア教育の時代

ところが、仕事とは、固定された機能と役割でいつも進められているとは限らず、また環境の変化との関係で新しい仕事が産まれたり、不要な仕事が出てきたりします。自分と仕事の適合だけを考えていては、仕事ができなくなりますので、仕事を続けていくためには、自己の特性と職業の特性をカウンセラーや先生に指導してもらい、仕事に就くことだけをやっていては、将来が危うくなります。そこで考えられたのが、人々が自分自身で特性を理解し、自分で主体的に仕事を選ぶことができるようになることです。つまり、職業ガイダンスだけではなく、職業やキャリアをいつ、どんなときでも自ら選べるようになるための教育、主体的に考え、選択し、動くことができるエージェント（主体）を育成することが重要な時代が来ました。というのは、人の生涯には発達段階があり、その段階に応じて、また環境の変化に応じて、相互の適応が変わることにも自ら対応し、常にレディネス（準備性）をもって、自分のキャリアを管理し、実行力を発揮することが求められるということです。客体として行為する演者では変化に適応できませんので、一生、主体として生き

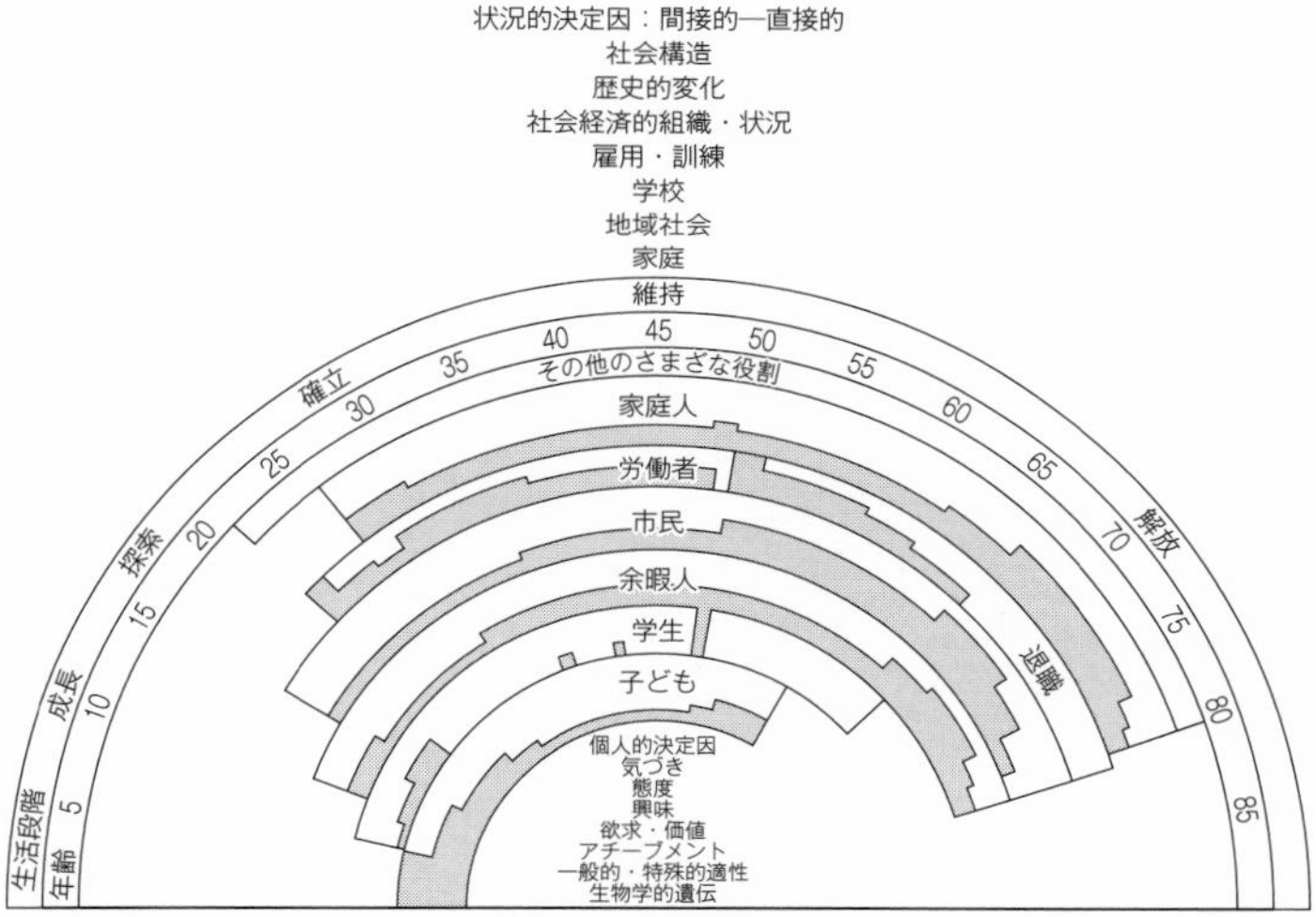

図 1-3　ライフ・キャリア・レインボウ（出典：Nevill & Super, 1986 を一部改訂）
（渡辺（2007）「新版キャリアの心理学」p.37 より）

・あなたは，今，どのキャリア・ステージにいますか？
・人生役割をどのようにとっていますか？
・新たな役割をどのステージで，どのようにとりましたか？

図２　Super（1986）のライフキャリア・レインボウ

方と仕事を選択できる人の育成が重要な時代が到来したのでした。

北米ではこの考え方が一九八〇年代ぐらいまで続きましたので、キャリアをどう考えるかについても議論が進みました。キャリア教育の考え方の代表的なリーダーがスーパー（Super, 1990）ですが、彼の「キャリア・レインボウ」の考え方は、キャリアを職業としてではなく、人生としてとらえることに大きく貢献しました。彼は、キャリアには発達があり、人は時期に応じた七つの役割（子ども、学生、余暇人、市民、労働者、家庭人、その他）を多重に取りながら生きていることを強調しました。本日のテーマと大きくかかわる視点です。

したがって、キャリア教育とは、さまざまな役割や変化に対応できる能力を育て、一人ひとりが一生を生きるプロセスで、変化に対応し、歩む道を選べるようにすることになります。この時期、キャリア・カウンセリングで重視されたことは、キャリアは発達すること、そして、人はその発達のプロセスを自ら歩みながら、人生の七つの役割を取って「ライフキャリア・レインボウ」を生きることです。この七つの役割は同時に重なっている時期がいくつもありますから、その中で自分はどの役割をどれぐらい取りながら、どう生きていくのか、それが個人のキャリアの生き方を創ります。図2のレインボウの下に書いておきましたが、私は学生にキャリアのことを話すとき、この問いを発します。「あなたは今どのキャリア・ステージにいますか、そしてどの役割をどのように取っていますか？」と。

別の言い方をすると、「ワーク・ライフ・バランス」とは何を意味しているのでしょうか、ということでもあります。北米では、一九八〇年代までにキャリア・ガイダンスはキャリア教育の流れになっていましたので、教育機関では小学校からこの考え方に従って、発達の段階と自己の特性、そして多様な役割をどう生きるかという考え方の下でキャリア教育が進められていました。また、同時に、図2のレインボウの真ん中の上と下には、「状況的決定因」として社会文化的な環境の要素と、「個人的決定因」としての要素が細かく取り上げられています。つまり、カウンセリングや指導の中では、多面的、多重的な視野からの支援が重要になると考えられます。

私はこの時期、大学で学生カウンセリングをしておりましたが、大学生のカウンセリングで一番多い相談が、進路や職業の選択にかかわる相談と心理的障害のカウンセリングでした。進路・職業選択の相談では、小学校から職業教育やキャリア教育を受けてきた学生に出会うことはほとんどありませんでした。ほとんどの学生が偏差値により大学や学部を決めていて、大学に来てから適性やキャリアを考えることになっていました。それは、日本の高度経済成長期には、仕事を選ぶというよりは会社を選ぶということになり、コマーシャルに出てくる、待遇や福利厚生のいい会社を選ぶといったことで、安全に就職できたということもありましたが、キャリア選択ではなかったかと思われます。

いずれにしても、ワーク・ライフ・バランスを考えたり、生涯の生き方を考えようとする学生は少なく、女性は男女格差がない公務員を選ぶなどの工夫をしていましたし、総合職が生まれたりしていましたので、女性の方が仕事と生き方を考えていたように思います。

3　キャリア・カウンセリングの時代

二一世紀に入った今、サヴィカスは、ようやく「キャリア・カウンセリングの時代」が到来したと言います。ポストモダンと言われる一九九〇年代の後半ぐらいから、世界は経済的にも政治的にも、そして地球規模でも不安定で不確実な時代になりました。宇宙規模で変動が起き、科学と人間の知恵は戦争をなくすことも地球規模の災害から逃れることもできないどころか、自然からの復讐を受けているかの様相を呈しています。このような状況で、これまで述べた1と2の時代のような人の育て方では、変化に対応することはできません。サヴィカスは、自分の人生は自分でつくるもの、人は自分の人生の著作者として人生をデザインすることになったと言います。つまり、キャリア支援とは、変化に対応して、自分で自分の人生を企画しながら送ることができるような人を育てる必要性が高くなりました。自分の目の前にあるものを選ぶというような生き方は時代遅れであり、私の言い方をすると「キャリアを開発」していく時代になったと言えるでしょう。

さらに、ポストモダン、社会構成主義の考え方で世界がつながっている現在、私たちは科学的で正しい真理を生きることはできなくなりました。科学的真理とは、人それぞれがそれぞれの生きてきた社会で人から伝えられ、受け継いできた言葉で表現される認知やアイデアであり、人の認知を通して語られる物語を他者が自分の認知を通して受け取っていく過程は、真実が伝えられていく過程というよりは、「真実という物語」がつくられていくのであり、私たちはその過程を生きていることになりました。人間は全員が一致する正しいことを目指して歩んでいるわけではない、というものの見方からすると、キャリアをどう生きるかということは、自分の人生の著作者は自分のストーリーを自らふり返りながらつくっていくことになります。そのためには、自分の人生のテーマを探りつつ歩み続けることを考えなければなりません。

そういう意味で、自分を他と比べたり、今の自分を何かに適応させたりするだけではなく、自分が自分を顧み、省察し（reflex）、あるいはふり返って（reflect）、自ら自分がどう歩んできて、どう進みたいのか、何を新たに創りたいのかを含めた人生の選択が必要になったということです。

サヴィカスのキャリア・カウンセリングでは、自分はこれまでどのような人生を送ってきて、その中で何がしたかったのか。何を諦め、何を選んできたのか。社会の中で何を選択させられ、あるいは、選択を拒まれてここまで生きてきたか、といったことが重要になります。おそらく、現代の給与所得者の中には、生活のために、家族を養うためにということを優先して職業や会社を選び、一方で、自分の中に埋もれさせたままの「芽」や「思い」「潜在能力」があるかもしれません。キャリア支援とは、そんな状況にある人やこれからキャリア開発を行おうとする人々に、あらためて自分がどのような人生を送りたかったのかについてひもとき、その中にある自分が大切にしていたもの、今も大切にしているものを意識化し、あらためて未来を展望することになります。

サヴィカスの近著『キャリア・カウンセリング』（二〇一一／邦訳二〇一五）は、そのプロセスを具体的に教えてくれます。たとえば、幼い頃、どんなテレビ番組を見ていたのか、愛読していた雑誌やどんな物語の映画や小説が好きだったか、などを話題にします。そうすると、その人が無意識のうちに語っていた物語や憧れの主人公の生き方などの中に、その人独特の思いやこだわり、理想などが出てきます。カウンセリングの中でそれが明らかにされることで、その人が生きたい人生、やりたいことが展望として映し出されて、キャリアが再構成されるということになります。この再構成は、適性や能力、現存の職業の求める能力をマッチングするとか、主体的な人間としてものごとを選択するということとは異なります。むしろ、クライエントのことをよく知らないカウンセラーが、その人を理解しようとして尋ね、語り合うプロセスで、クライエントの人生が再構成、共生成されていくということです。カウンセラーは正しいことを知っていて、それを教え、指導するというのではなく、その人のことについては何も知らない人が話していくプロセスは、「そういうふうに生きたいのかもしれないね」とか、「こういうことがあなたにとって大切だったということは、その大切なことを今はどのようにするの？」といった話し合いになります。互いに援け合いながら、共にその人の人生をつくっていく、といったことになるのがカウンセリングではないか、ということです。

キャリアとは、キャリアを生きる各自がその関心を持つプロジェクトについて語る物語だということであり、演者として、あるいは主体として動けるようになるというよりは、演者や主体として仕事という舞台で語る自分自身の物語の著述だということになります。カウンセラーは、クライエントが自分の人生をデザインする支援をするために、クライエントがキャリアの物語を語り、そこに潜むキャリアのテーマを一緒にふり返り、共に新たなテーマを発見し、人生を未来につなぎ、広げていく手伝いをします。したがって、それは「ライフデザイン・カウンセリング」とか「キャリア構築カウンセリング」とも呼ばれます。

このようなサヴィカスのキャリア・カウンセリングの考え方と方法には、ポストモダン、社会構成主義のものの見方、考え方が大きく反映していると述べました。そこで、ポストモダン、すなわち「近代を超える」二一世紀の人々の生き方とはどんなことなのかについて、今日のテーマにかかわる二つの視点を紹介して、サヴィカスの「キャリア教育」から「キャリア・カウンセリング」の間をつなぐことにしようと思います。

三　二一世紀（ポストモダン）を生きるために

1　キャリア発達とシステム思考

その一つは、ハンセン（Hansen, S., 1997）の Integrative Life Planning（ＩＬＰ）（邦訳は「キャリア開発と統合的ライフプランニング」）という考え方です。ハンセンはミネソタ大学の教授で、アメリカのキャリア・カウンセリングのリーダーの一人ですが、一九九七年に上記の著書で、「キャリアとは生涯にわたる個と環境の相互作用のプロセス」だと述べ、関係性・相互作用を強調したキャリアのとらえ方を示し、その関係性の中で、不確実な二一世紀を生きるための六つの課題を提示しました。キャリアとは、仕事でもなければ自分の生涯だけでもない、自分と環境との相互作用のプロセスだという視点から、キャリア・カウンセリングをとらえようとしたのです。

ものごとが相互作用しながら、関係性を創って動いているととらえることをシステム思考と言います。つまり、ものごと、世界は個々のものが単独に存在するのではなく、一つひとつが他のさまざまなものとかかわり、相互に影響を与え合いながら、変化し存在していると考えるのです。個人は単独に存在することはなく他の人々とのさまざまなかかわり合いの中に存在します。たとえば、個人は、家族、学校や会社、クラスや部署という集団の中で他者とかかわりながら生きていますし、一人の人間も身体的、心理的に相互作用するさまざまな部分から成り立っています。また、ある集団はより大きな集団、たとえば社会をつくり、社会は国、世界を構成して、すべてのものが相互に作用し、影響し合って存在しています。そのように相互に作用し合って一つのまとまりをつくっているのがシステムであり、その意味で、個人も家族も、会社も地域社会も国も世界もシステムです。

そのように考えると、キャリアもその相互作用しているシステムの一部としてとらえることができます。キャリアを自己の生涯を見定めて、変化に対応し、社会に貢献する全人的包括的人生ととらえると、人は、人生という生涯発達の時間の流れに沿った変化と、環境との相互作用の変化中で生きていることになります。縦軸と横軸の視点からキャリアをとらえることになると言えるでしょう。キャリアをシステムとして見ると、キャリア支援の専門職は、カウンセラーとして、「システムを視野に入れて統合的に人生をプランしていく支援をすること」になります。そのための重要な課題として、ハンセンは六つのテーマを挙げました。

その一つは、「**グローバルな変化の中でなすべき仕事を探すこと**」です。つまり、既存の仕事に個人をマッチさせるのではなく、地球規模の変化を視野に入れながら、自分の生きているローカルな地域社会にとって意味がある仕事を理解し、自分ができることを見つけることになります。今、生きている世界のここで、何をすることが求められており、私は何をしたいのか、何ができるのかという視点から仕事を考えていきましょう、生きるということはそういうことです、と。

二つ目の課題は、「**人生を意味のある全体の中に織り込む**」ことです。社会の中で男女のステレオタイプ化を問い、自立（Agency）と関係（Communion）を両立させることと述べています。私の表現にすると、「一人ひとりが意味ある全体性を生きようとすること」であり、「自立しながら関係性を生きていくこと、自立と関係性の両立」が重要だということになります。北米では、どちらかというと自立、個別性が重視されてきましたが、ハンセンは一人が自立して生きればいいということではないと言います。むしろ、主体的に自分が生きられるようになることは、人との関係性の中でどう生きるかを問われることであり、コミュニオン、つまり、協働する自己、共に他者と支え合って生きる自分という視点が不可欠だと主張します。それは、人生全体を見通して仕事をすることであり、必然的にコミュニティ特有のニーズに従った仕事をすることになるだろうというのです。

第三の課題は、「**家族と仕事をつなぐ**」ことです。今日の私のテーマともつながります。彼女は他のテーマの中でもたびたび男と女のことに言及しますが、この家族と仕事をつなぐというテーマでは、とりわけ男女の格差が仕事と家庭、タスク（課題）とメンテナンス（関係維持）を分けた生き方をつくっていると言います。男—仕事—課題達成のつながりと女—家庭—関係維持のつながりは、男女の機能を分け、誰もが持ち、果たせる機能・役割を男女に分けてしまっており、それは私の言い方をすると、「男は左脳を中心に動き、女は右脳中心に動いている社会を創り上げている」ということになります。仕事の世界では、人々がどのように生き延び、援け合うか、地球がどのように存続し続けるかといったことにはエネルギーを注がず、成果を上げることを中心とした課題達成が奨励されます。とりわけ、メンテナンス（修復、回復、維持など）は軽視され、それをする人は自分ではなく、別にいると思われがちです。メンテナンスがない生き方は、一人の人間の生き方としても、ましてや人類全体の生き方としてもあり得ないことであり、まして、それが男女の役割として分けられてしまうとすれば、人間は持てる能力をまず自己のために活用せず、他者に分担してもらって生きようとしていることになります。極端な言い方をすると、眠らない人がいてもいいことになり、目覚めている時間すべてを仕事に使う人がいてもいいことになります。トータルに両方の機能を活用できる人間本来の姿はなくなり、人間が機械やものと同じ機能に化してしまうでしょう。後で再度触れますが、家族と仕事はバランスの問題ではなく、そこに象徴される人間の生き方の問題なのです。

その課題は、第四の課題、「**多元性と包括性に価値を置く**」ことにつながります。換言すると「多元的な共存の必要性」あるいは、「違い」を「間違い」にしないことと言ってもいいでしょうか。ハンセンは、将来、あらゆる違い――人種、民族、階級、宗教、ジェンダー、年齢、障害、出身地域など――について十分な情報が与えられ、理解されて、人々に多様性のトレーニングがいきわたることの重要性を主張しています。人は、顔がみな違うように、違っています。それを包括しながら生きることが人類の課題なのでしょうが、一方で、それぞれの社会がつくった「これが正しい」とか「これは間違っている」という基準は多くの問題を産みだしています。近代の科学的真理の追求は「正しい」ことを探し出そうとする人間の努力であると同時に、それを人がどのように感じ、受けとめ、どのように表現するかということを考慮すると、真理とは唯一無二ではなくなります。人間の見方や考え方の違いは、あえて言うならば、真理はあったとしても、誰もそれを認識することができないという人間の現実を認識させ、当たり前とは、その人の見方に過ぎないことになります。ここで、私たちに課されていることは、正しさを探すのではなく、一人ひとりが何をどのように受けとめ、理解しているかを理解し合うことであり、そうすることで多元性と包括性を受けとめることになるのでしょう。

第五の課題は、「個人の転機（transition）とシステムの転機をつなぐ」ことです。私にとってこの課題はカウンセリングの支援とつながるのですが、人は社会の中で多くの変化に対処する必要があります。クライエントはさまざまなところで人生の転機に出会い、そこで立ち止まり、問題を解決し、次のステップへ歩みだす試みをします。それは問題と見えたり、悩みや困難となったりします。換言すれば、人が問題や悩みに出会うときは、転機であり、悩みや問題を解決するプロセスを経ていくことが必要です。そして、そのプロセスで、支援が必要になることがあります。それは人生のあらゆるところに存在するのですが、そこで人は、立ち止まり、考え、迷い、自分を取り戻す時間が必要です。そして、新しい自分の道が見え、それを選んでいくという三段階のプロセスがあります。転機が来たときは、立ち止まり、いろいろなものを見るチャンスですので、周囲や組織、環境の変化に対応することが含まれます。また、ハンセンは、転機には、チェンジ・エージェント（Change Agent）になることも含まれると言います。つまり、私たちは環境に適応するだけではなく、環境をより良いものに変える「変化の主体」となることも視野に入れることを奨励します。キャリア・カウンセリングでは、自分が組織の中でチェンジ・エージェントになれるかということを問われます。つまり、組織に適応して生きるのではなくて、組織をより良いものに変えることも仕事の一環なのです。働くことは組織改革を含み、ハンセンは、実際、「しなやかに」「したたかに」名もない人々が組織を変えていることにも目を向けようと呼びかけています。

そして、第六の課題は「スピリチュアリティ（精神性・魂・霊性）と人生の目的を探求する」ことです。スピリチュアリティという言葉はなかなか訳すことも意味を伝えることも困難な概念です。ハンセンがスピリチュアリティという言葉で表現したかったことは、「人生の意味と目的、すなわち人生に意味を与える自己の中核をなすもの」であり、「自己を超えた何か大きなもの」とも表現しています。私なりに日本語にすると、意味、世界観、ミッション意識といった意味になるでしょうか。スピリチュアリティの中には宗教が入るでしょうが、それは特定の信仰を意味しない人間を超えたものを想定することかもしれません。私は、人間は bio-psycho-social-spiritual な存在だと考えていて、人間は生物的、心理的、社会的な存在であると同時に、スピリチュアルな存在として生きていると思います。そのスピリチュアルとは、人間が人間を超えた世界をイメージしたり、人間が不完全であることを知り、完全性を想定したりする能力のことです。

つまり、万能ではない人間がどのようにして他の人たちと共に、互いを大切にしながら生きていくか、ということは、スピリチュアリティを考えることにつながるように思います。それは、おそらく人類がその長い歴史の中で、わからないことや無力であることを知らされる体験をしながら、「神」とでも呼ばれる完全な、全知全能の存在、人間を超えた力があることを思い、信じることで謙虚になり、また、失敗したり不十分であったりすることに素直になって「ごめんなさい」と言う気持ちになることでしょうか。そうすると、私ができないことはできないこととして、どのようにしていったらいいかを他の人々、みんなで考えようという気持ちになります。他の動物と違って、そういうことができ、スピリチュアリティを持っているのが人間だと思っていると、地域社会で人々が人生の意味や目的の探求をしながら生き、カウンセリングでもその支援ができる、と考えられます。サヴィカスの最新の著書の前には、ハンセンのこのような考え方があったことを紹介しました。

2　家族療法・家族心理学の知恵と実践から

二一世紀の人々の生き方を考える上で重要な二つ目の視点は、家族療法が投げかけた考え方です。ハンセンもキャリアをシステムの視点から見ているように、心理療法が個人の内面と言動を探求し支援してきた流れの中で、家族療法、家族心理学はものごとの関係性、相互作用を重視した世界観を提示しました。それは、ものごとを要素に分解して細部を理解することとは異なり、細部を理解しながらそれらを再び全体に戻してみる現実理解を進めることになりました。

私は、一九九〇年代の初め、日本女子大に移った少し前に、家族療法の視点から心理支援、カウンセリングを始めていました。大学の学生相談所で学生カウンセリングを担当していましたが、とりわけ青年期後期のカウンセリングでは、学生から社会人への橋渡し、つまり家族からの自立が大きなテーマの一つでした。もちろん、青年期の課題としては、自立に必要な自己理解、自己の能力の開発、対人関係づくりなどがありますし、進路の挫折、心理的つまずきや精神障がいの発症などへの対応もあります。それらの問題は、一見、青年期の個人の問題のように見えますし、個人の自立の問題として支援する視点は重要です。一方で、カウンセリングでは常に大きなもう一つのテーマ、家族関係があります。当時の私の感覚では、「家族は、どうして青年の自立を邪魔するのだろう？」ということでした。青年の側から見ると、足を引っ張る親がなんと多いことか！「俺はおやじの言うとおりにやります、おやじが課長止まりだから僕も課長ぐらいでしょう、どうもありがとうございました」と言って進路や就職の選択について悩むのをやめる学生がいるかと思うと、幼い頃から「この道を歩みなさい」と言われて、そのまま大学まで来てみたが、専門領域の学びが面白くない、転部や転科を考えたい、といった相談はキリなくありました。進路を考えるにあたって、偏差値を基準に選んだ専攻や将来の道は、かなり家族とのかかわりに影響されており、思いのほかさまざまな問題がかかわっていました。

家族療法とか家族心理学は、一言で言うと、人々が家族の中でどのように生きているかとか、家族をどうつくっていくのかといったことを考える上で役立つ考え方を提供してくれる理論と実践です。その意味で、家族の問題でカウンセリングを受ける人々に役立ちます。一九八〇年代の初めに、私は一年間の研究休暇を利用して、北米で家族療法を学びました。学生相談を家族の視点から考えてみようと、思ったのです。そして、家族療法の理論・技法は、これまでとは全く異なったものの見方、考え方を教えてくれました。

家族とは、年齢が異なり、家族への参加の順序も異なるメンバーが、他のメンバーとどうつきあい、どう生きるかということにかかわる問題や考え方が問われる場です。その意味では、個人の自立とか個人がどう生きるかということにとどまらず、関係のつくり方にかかわる問題がたくさんある集団です。家族は、個人が環境とどうつきあい、他者とのかかわりの中で一人ひとりがどんなとき、どのようにかかわり、さらにどのように変化していくかを体験している場です。換言すると、家族を理解するときは、一人ひとりの心理の内面がどのようになっているかを理解しただけでは、人々のかかわりの問題は見えなくなります。その家族力動、つまり、かかわりのありようを理解するための理論、人々の相互作用から産まれる問題が多角的に研究され、支援の方法として確立しているのが家族療法の理論です。

たとえば、子どもが学校に行けなくなるとお母さんが心配して学校に行かせようとする。子どもはそれにすぐさま同意することはありませんので、母子の葛藤が起こります。母親や教師は、「どうやって行かせたらいいか」ということで連絡を取り合ったり、工夫をしたりして、常識的な解決法を考え、実行しますが、家族の側は、「学校に行かないのは、学校で何かまずいことがあるのではないか」、「学校でこの子はどんな扱いを受けたのか」と考えます。一方、学校の先生たちは、「他の生徒は学校に来ていて、あの子が来ないのは家庭に何かあったのではないか」と考えます。誰もがする反応です。家族の責任の問題か、学校の問題か、つまり、原因は何かについて、それぞれ考え、その原因がなくなれば、問題は解決するという発想をするわけです。それはたとえば、母親のしつけが悪かったとか、学校でいじめがあったといったことです。

ところが、初期の家族療法家たちが家族の問題を探ってみようとして家族全員に会ってみたところ、問題はそう簡単ではないことを発見しました。子どもが学校に行けなくなったら、まずお母さんが影響を受けて「行きなさい」と言うでしょう。子どもは「イヤだ」というか、お母さんから逃げます。母と子どものやり取りは葛藤状態になり、その葛藤はますます子どもを学校に行かない方へ、そして母をますます慌てる方向へと陥れます。二人の葛藤が解決しないでくり返されると、母は夫に「あなたは何もしない」と文句を言います。お父さんは「俺は家族のために働いているんだ、おまえが家族の面倒を見る役だ」とか、「おまえの育て方が悪かった」とそこでも原因はどこにあるかが問題になります。問題が起こると、どこでも原因は何か、誰が悪いかという犯人捜しが始まります。「子どもが学校に行かない原因を作ったのは誰か」、「母親の育て方が悪かったからだ」、「父親がかかわらなかったからだ」となり、原因探しがぐるぐる回ります。それは、原因がたくさんあるのではなく、誰が、何を原因と考えるかについての見方が違っているということであり、同時に原因は一つではない可能性があるということでもあります。これを家族療法では原因と結果は循環しているという意味で循環的因果律と言います。

たとえば、皆さんはこんな経験がありませんか。妻が夫に「なぜ毎日遅く帰ってくるの！」と、やや腹を立てて言います。夫は、「残業なんだよ」と答えます。すると、妻は、「毎日、残業すること自体おかしい」と責めます。夫は、「自分一人ではなく、みんながそうなんだから仕方ないだろう」と答えます。妻は、「あなたの会社は変だ。みんな、家族はどうでもいいと思っているの？」とさらに詰め寄ります。夫は「そんなことはない。俺は家族のために働いているんだ」と言います。妻は、「じゃー、なぜこんなに遅く帰ってくるの！」と反撃する。話が一回りして元に戻ります。すると、夫は「だから、残業だって言ってるだろ！」となり、同じやりとりがくり返され、そのやりとりは激しさを増していきます。これはコミュニケーションの悪循環の例です。

人々のコミュニケーションは、自分の言い分を互いに言い続け、外から見ているとその悪循環が見え、互いに相手の気持ちを理解していないことがわかりますが、「自分の言い分に、賛同しなさい」と言わんばかりです。「学校に行きなさい」「行きたくない」もそうです。このような相互作用の循環は、「あなたは私のことを先に理解しなさい」の応酬ですから、キリがなく、消耗し、虚しく、腹立たしくなります。つまり、問題とは、誰かが問題なのではなくて、人々が無意識のうちにつくってしまう同じことのくり返しで起こります。

家族療法では、問題は関係がつくるという見方をします。誰かが問題をつくるのではなく、無意識のうちにかかわる人々がつくってしまう悪循環の中で、先に疲れた人、悪循環によるストレスに耐えられなくなった人が、さまざまな形でＳＯＳを出していると受けとめようとします。それは、自分が自覚しているのは「疲れた」「イヤになった」「何もしたくない」といったことで表現しているのですが、そこで信号を出している人が、「ここで何か起こっています」と教えてくれていると受けとめます。その表現の仕方は、人によって違います。「私は疲れた」とか、「子どもの不登校が問題です」、「妻が過干渉すぎる」ということなのですが、その人が自分なりに気づいていることを問題だと表現することになるわけです。それらの訴えを、外側から客観的に見ていると、コミュニケーションや問題のとらえ方のずれや違いが悪循環を起こし、問題を複雑にしていることがわかります。

家族療法では、人々が関係の中で無意識のうちに創り上げていく関係性（関係の特質）の問題として理解し、それを援けようとします。関係性の問題は、その中に巻き込まれていないと、子どもでも見えます。家族の誰かが、「○○さんの問題だ」と考えていても、家族療法では、同居している家族全員で来談されることを勧めますが、それは、巻き込まれていない人はその問題をなんとなくわかっていることがあるからです。子どもは関係ないと思っている家族にでも、来談を勧めます。お子さんに、「今日は、あなたにもお話を聞きたいから、聞かせてね」と言って、カウンセリングを進めていくと、家族の誰もが気づいていないことを話してくれることがあります。カウンセラーが「この家族は、こんなコミュニケーションの悪循環に陥っているかも……？」などと思っていると、「先生、うちのパパとママはいつもこんなふうにけんかするんだよ」と言ってくれたりします。「どんなふうに？」と聞くと、「お兄ちゃんが学校に行かないと、ママが……して、パパが……と言って、言い合いになって、お兄ちゃんは学校に行かないの」と教えてくれるのです。

子どもは、あることがなにゆえに起こっているかをわかっているわけではないのですが、起こっていることは見えています。自分の見方にこだわって話をしていると、関係のところで起こっていることは見えませんが、そこにこだわらないと、つまり、特定することができない原因を探すことをやめると、疲れる循環を変えることができるようになります。家族メンバーには、さまざまなリソースや力がありますから、それを活用しようとするのです。それは、小さな変化を起こす力があればよく、それをきっかけによい循環をつくることができればよいのであり、子どもの一言でも、カウンセラーの一言でもいいのです。

図3をご覧ください。人間の生きている状況を俯瞰すると、このようになります。このような見え方をすることを、家族療法では、「人が生きる世界は、さまざまなものがつながって互いに影響を与え合っている壮大なシステムである」、と言います。システムとは、家族のようにいくつかの部分が集まって、一つの相互作用している集まりのことを言いますが、家族は集まって地域社会をつくり、地域社会はより大きな県、そして国、世界というシステムをつくり上げています。また、個人はさまざまな身体的精神的部分からつくられていますので、個人もシステムであり、生き物

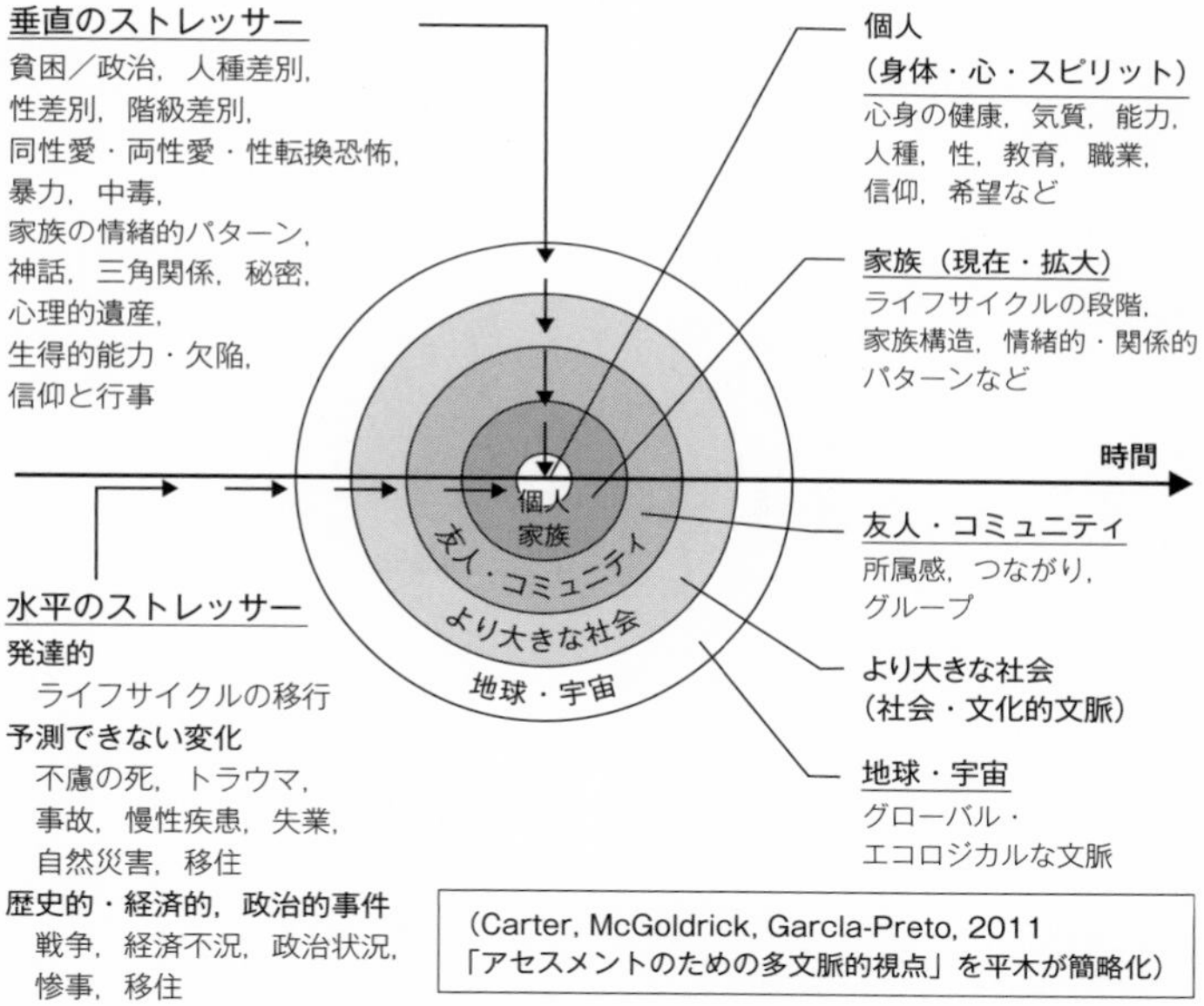

（Carter, McGoldrick, Garcla-Preto, 2011
「アセスメントのための多文脈的視点」を平木が簡略化）

図３　環境と相互作用しながら変化するシステム

のつくる世界は図３のようにいくつかの層をなしていることがわかるでしょう。さらに、今、ここで生きている私たちは、図の左上の垂直のストレッサーからの多様なストレスを受けて生きています。たとえば、貧困社会で、ある政治形態の下で生きている人々がいます。また、左下のところを見ていただくと、私たちは時間の流れの中で、そのときの発達のプロセスを歩みます。そこでは水平のストレスと呼ばれるさまざまな変化に出会います。家族の死、事故、病気、失業、災害などライフサイクルの移行の中での出来事があり、問題も生じます。家族を一つのシステムとしてとらえると、私たちは家族関係を始めとしてさまざまな人々、集団との関係と、時間の流れの中で変化しながら生きていることがリアルにわかるでしょう。

家族療法では、人々はそんな状況を生きているという視点でものごとをとらえようとします。そうなると、誰かのせいで問題が起こったとか、この問題の原因はこれだと決めることは難しいことになります。むしろ、個人が一人ひとり違うように、同じではないさまざまシステムが変化しながら同時にさまざまなものと関係しあって存在するのですから、それが解決や変化の資源にもなると考えることが重要です。

違っていることが、おそらく問題をつくるのでしょうが、同時に、違っていることが変化や解決の援けになると考えることが大切です。家族療法やカウンセリングでは、解決の重要な鍵の一つに、コミュニケーションの活性化があると考えます。先ほどのコミュニケーションの悪循環は、違っていることが悪循環を招いていましたが、それを互いに理解しようとすれば、いい循環に変わります。たとえば、「どうして毎日こんなに遅いの！」と言われたら、「残業だ」などと遅くなる理由を伝えるのではなく、「ほんとに嫌になっちゃうよね」と言ってみるとどうでしょう。おそらく、次のやり取りは変わるでしょう。それが、いい循環のやり取りになるかどうかは、次に妻がその反応をどう受けとめるかにかかっています。ただ、そこで自分の思いや主張をわかってもらおうとするのではなく、そこでどんな関係をつくろうとするか、いい循環をどちらでもいいから始めようとするかで、問題は消えていくというか、解決するのです。つまり、関係を相手のせいや自分のせいにするのではなく、関係そのものをつくろうとすることに対応して行くことが大切です。

セラピストや支援者は、その場では理解を促進して、循環のよいかかわりを創造する仲介者であり、各家族メンバーがその人らしい生き方や思いを分かち合えるよう、そんな働きかけ合いが家族同士でできるよう、家族とは異なった動きをするメンバーの一人になり、一時的にできることを試みるのです。そんなかかわりをしてみるメンバーがいると、異なった関係の循環ができ、それが続くようになったら、家族から退くということです。その意味で、支援者は「手伝う」というよりは、「一緒につくってみる」、それで家族が動き出したら、「では、これで」となるわけです。最近皆さんはコラボレーションという言葉を聞いたり、使ったりされると思いますが、「協働」と訳されているこの働きは、colaborという意味があり、家族の関係づくりにピッタリの考え方です。心理療法の世界に一つの大きなものの見方を投げかけました。

家族療法の事例から

今回のテーマを考えるために、一つの事例を取り上げてみます。これは特定の事例ではなく、よく家族療法で出会う事例の主たる要素を一般化したものです。この事例をジェノグラム（家族関係図）にすると、図4のようになります。長男が不登校で、母親が高校の先生から家族療法を受けてみるようにと勧められて、私の研究所に来談されたとしましょう。

面接の過程で知ることができた**家族構成**は、父親が単身赴任、母親はパートで働いていて、子どもは一六歳の高校生の長男と一四歳の中学生の長女の二人です。長男が高校入学直後から不登校になりました。本人は、勉強が面白くない、サッカーの練習についていけない、アルバイトをするしかない、母親がうるさいと言っていると母親が語りました。父親は多忙で残業が多く、家族のこと

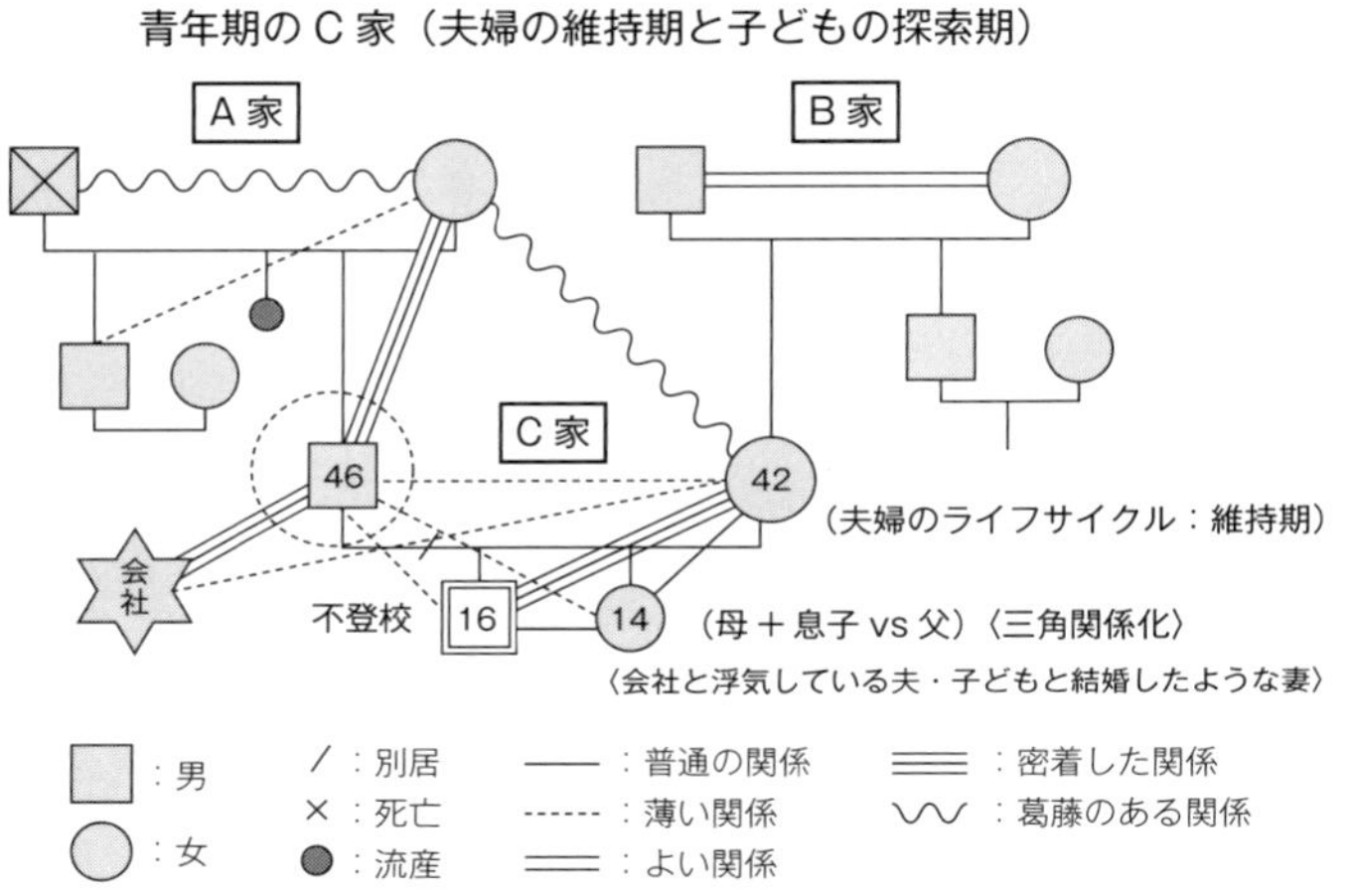

図４　ある不登校の高校生のいる家族のジェノグラム

はほとんど母親が「自分一人でやってきた」と語っています。

父親は単身赴任なので、世帯が二つに分かれています。単身赴任の前から仕事が忙しく、仕事熱心で、現在もあまり自宅には帰ってこない父親というイメージです。家族の関係を示す記号で見ていただくと、いくつかのことがわかります。三本線でつながれているところが目立ちますが、母と長男、父と会社、父と実母は密着した関係となっています。アメリカにもこの三本線で結ばれるような家族関係がたくさんあるらしくて、ある有名な北米の家族療法家は、「会社と浮気している夫、子どもと結婚したような妻」と呼びました。また、その関係を他のメンバーとの関係を含めて考えてみると、父と会社との関係から母は外されて二対一の三角関係ができており、母と息子の関係から父が外されて二対一の三角関係があります。それぞれが密接な関係をもっているところを中心に、他の人との関係が希薄になっています。息子とお父さんは薄い関係です。つまり、二対一という関係は、浮気している人の関係を指して「三角関係」と言うように、アメリカでも三角関係と言い、それは家族の中にもあるということです。

夫婦のライフサイクルという視点から見ると、夫婦は家族を育て、維持していく時期ですので、本来ならば、夫婦が三本線で結ばれていることが必要です。それができていない状況は、家族と社会的環境とのつき合い方という問題を予想することができます。また、家族を時間の経過の中で歴史をもつ存在として世代間の関係から見ると、そこには新たな視点が出てきます。父親とその出生家族との関係を見ると、父は実母との関係が密着しており（逆を言うと、実母は実父（夫）との関係と長男との関係が葛藤状態にある）、次男である父親との関係が良いようです。同時に、母親と父の実母（姑）との関係には葛藤があります。このような関係になっていることの原因は何かということは不明ですが、この家族はそんな関係性（関係のつくり方の特徴）の中で、生きているということです。また、父親の育った家族は、母親の育った家族のように夫婦が協力した関係（二本線）で子育てをしているモデルではないということ、とりわけ、二世代続いてこのような家族がつくられていることも見えます。誰が悪いとか出生した家族が悪いということではありません。むしろ、高度経済成長期の家族づくり、子育てには、このようなパターンはよくありました。皆さんも納得されるでしょう。

この家族の姿を、先ほど図2で示したスーパーの「ライフキャリア・レインボウ」の視点から、家族がどれほど主体的に自分の役割をとって自分を生きようとしているかを見ると、「労働者」の役割しかとってない父、「家庭人」の役割だけの母、「余暇人」と「子ども」の役割だけをとっている長男ということになるでしょうか。会社の思い通りになって働き人になってしまう現代人の姿から、関係する人々の役割が決まっているわけではないのでしょうが、一人ひとりが自分を活かして、どのように生きるかということを考えると、ワーク・ライフ・バランスという単なる二つの役割のバランスの問題ではなく、ましてや、「不登校の子どもが学校に行くようになればよい」という問題でもないように思われます。一方で、「安定した給料が得られれば自分の家族を育てていける」ことになり、その状況下では「家族の役割分担は当たり前」になり、「父は家族を経済的に支え」、「母は家族を生活面で支え」「子どもは育てられる存在」といった単一役割で生きている人々が、たまたま何らかの問題をきっかけに家族療法の場に集まるチャンスがあると、家族メンバーのそれぞれの思いが表現されます。それは、その不自然さに飽きた、問題がある、そこから逃れたい、自分に合った生き方はこれではない、と感じている声です。来談のきっかけは、子どもの不登校だったり、父親や母親のうつ状態だったり、夫婦の不和だったり、多様です。もちろん、その問題自体の深刻さや意味にもしっかり取り組む必要があります。それと同時に、図4で見たように、見えない家族関係のつながりの中で、滞りや悪循環、身動きができない状態があり、それをほぐすことをしてみることで、問題が解決することは多いのです。

3　二一世紀のライフキャリアを生きるために

最初に紹介した「キャリア支援の三段階の変遷」を提示したサヴィカスは、二一世紀の人々の人生は、グローバル化され、不確実性を生きることになるので、その人々の生き方のモデルは、既存の生き方や職業に自分を適応させることではないのはもちろん、既存の生き方や職業を主体的に選択するのでもないと言います。二一世紀は、自分の人生を自分でデザインして、生きていくようになるだろう。だから、支援とはそんなことが出来る人々を育てることになります。それは、人格特性と能力を環境と組み合わせることも重要ですが、多様で、多重な環境という文脈の中で交流しながら、自分が生涯をどう送るのか、つまり、長期にわたる自分と環境の相互適応による自己組織化が必要だといいます。それは、先ほど示した個人や家族がエコロジカルなシステムの複雑な統一体の一部であることを見据えることでもあります。そのように見ると、環境に適応するという見方は、環境を形成している一人ひとりが、従来のような環境からコントロールされた条件下で何かをするといった見方ではなく、また、逆に環境をどのようにコントロールして生きるかといったことでもなく、両方を活かす生き方を探ることになります。

それは、現在、ハローワークや職業の支援の場で、処方して適応する（終身雇用）といった自分と環境のマッチングをする支援ではなく、生きるプロセスを創造しながら生きていく援けをするという方向転換が必要だということになります。読めない将来のことなどわからないから、そんなことはできない、というのではなく、だからそれができるようになる人を育てるのです。それが、サヴィカスの「人生のデザインができる人」、ハンセンの「人生を設計することができる人」の支援です。雇用者と被雇用者の相互責任による転職や起業は当たり前になり、言わば、生き残りと問題を乗り切るための戦略を立てる支援がキャリア・カウンセリングになるでしょう。それは、いかにも不安定で、危険極まりない生き方のようですが、そういうところを乗り切る、あるいは生き残る戦略をデザインする人々を育てることなしに、グローバルな変化を生きることはできません。それは、因果関係が直線的に追求できたり、決まっていたりする人生の設計をすることではなく、人々が他の人々だけでなく環境と共に生きている存在であり、その環境を協働でつくり上げるものであり、それにもかかわらず、個人のその人らしさを活かした、自然で、それ故にユニークな生き方を探る生き方なのでしょう。

そんな視点から今、私たちの周りを見ると、そんな人々がたくさんいます。正しいことにこだわらず、多数派にも寄らず、しかし互いに援け合い、協力することでしか生きることができない現実を見据えれば、一人勝ちができるわけでも、だからといって誰かに安全を保証してもらうこともできない現実がわかります。ハンセンが言うまでもなく、それは自立と共生によるキャリアを生きることであり、その支援がキャリア・カウンセリングなのでしょう。

サヴィカスは、そのような生き方とは、「正しいことをしたから満足にはならず、個々人の決断が新たな状況への適応や受容をもたらし、結果の満足という変数で語られるようになる」、と言います。

結び

一〇〇年を越えるキャリア・カウンセリングの今日までの展開を私自身の理解からまとめると、

「職業は、経験と勘とチャンスの一致によってめぐってくるもの」だった時代から、「天職を生きる人を人材活用の視点から、人と職業の適材適所を科学的に図ること」へ、そして「人生の七つの多重な役割（子ども、学生、余暇人、市民、労働者、家庭人、その他）を自分の発達に応じて自ら多重に選択して生きるライフキャリアを生きること」へ、さらに「生涯にわたる個人と環境の相互作用のプロセスを自己構築していく生き方」へ、と変化しているととらえることができるでしょうか。

ライフキャリアとは、職業ではなく生涯の生き方ですから、その意味で、現代のワークとライフのバランスがとれていない生き方は、確かにライフキャリアを生きているとは言えません。また、自分の人生というライフキャリアを自分らしくどう生きるかという視点から考えると、二つのバランスをとればいいわけではないことは明らかでしょう。自分と他者（社会）、その他の環境との相互作用の中で、人に出会うからこそ相互に刺激し合い、開発していくことが可能な互いの人生を、共にどう生きるのか、と考えることが大切でしょう。世界に二人として存在しない自分が自分を生きるためには、同じ存在を生きている他者と共に、双方にとって生きやすい社会をどう創るかという発想が必要です。それを考える絶好のチャンスは、問題やつまずきに出会うことです。そこであらためて立ち止まり、ふり返り、自分の芽を育てたか、つぶしたか、将来を見据えて、何を活かす人生をデザインするか、そんなチャンスにすることです。つまずきは失敗や時間つぶしではなく、自分によりふさわしい生き方を選ぶ転機です。つまり、それは人生に何度か出会う新たな生き方をデザインし、プランし、創造する機会なのです。

その意味で、キャリア・カウンセリングとは、ライフキャリアの支援であり、社会の中で、幼い頃から無意識に、大きなつまずきもなく生きてきたとしても、対人関係、家族との生活、仕事の中で出会うしっくりこないことを見つけ出し、それは自分の何を知らせる信号かを探ることです。つまり、すでに外にあることから何かを選び出して自分をそこに適応させるのではなく、自分の中の何が、どんな信号を出しているかを探る援けをすることになるでしょう。

このカウンセリングは、わかっている答えを探す援けをすることではなく、自分の専門家である来談者と、その人が探ろうとしていることに関心をもって援けることができる専門家であるカウンセラーが、援け合うプロセスということになるでしょう。そして、私たちは誰もが自分の専門家として、そして他者の自分探しを少しでも援けることができる隣人として生きることができるようになりたいものです。

皆さんはどう考えられるでしょうか。

参考文献

Bakan, D.（1966）The Duality of Human Existence: An Essay on Psychology and Religion. Skokie: Rand McNally.
Gergen, K.J.（1999）An Introduction to Social Construction. London: Sage.（東村知子訳（二〇〇四）『あなたへの社会構成主義』ナカニシヤ出版）
Hansen, S.S.（1997）Integrative Life Planning. San Francisco：Jossey-Bass.（平木典子・今野能志・平和俊・横山哲夫監訳（二〇一三）『キャリア開発と統合的ライフ・プランニング―不確実な今を生きる６つの重要課題』福村出版）
平木典子（一九七八）『大学教育におけるカウンセリング』日本私立大学連盟

平木典子（一九八四）『家族の問題』季刊精神療法、10（3），4-11.
平木典子（一九八九）『カウンセリングの話』朝日新聞社
平木平子（一九九〇）『夫婦の愛の形成過程と崩壊過程―夫婦・家族療法の実践から』心理学評論、33, 393-406.
平木典子（一九九二）「家族ロールプレイ2―家族療法家の教育分析の事例」家族心理学研究、3, 15-25.
平木典子（一九九三）『アサーション・トレーニング―さわやかな〈自己表現〉のために』日本・精神技術研究所（発売：金子書房）.
平木典子（一九九六）「個人カウンセリングと家族カウンセリングの統合」カウンセリング研究、29, 68-76.
平木典子（一九九八）『家族との心理臨床―初心者のために』垣内出版
平木典子（二〇〇〇）「隠された家族病理―ジェンダー差別」家族心理学年報、18, 23-41.
平木典子（二〇〇一）「教育システムの具体化―大学院での実践例を踏まえて」臨床心理士報（特別号　臨床心理士養成のパラダイム）、No.13, 46-51.
平木典子（二〇〇六ａ）「臨床心理面接演習２　家族・集団」下山晴彦編『臨床心理実習論』（臨床心理学全書４）誠信書房、223-261.
平木典子（二〇〇六ｂ）「家族ロールプレイという訓練法―重層的人間理解を求めて」精神療法（特集　臨床の知―21世紀への提言）32, 693-696.
平木典子（二〇〇七）「大学と職場のキャリア支援―その現実とあり方」能力開発最前線７、中央職業能力開発協会．46-71.
平木典子（二〇一〇）『統合的介入法』東京大学出版会
平木典子（二〇一二／二〇一七）『心理臨床スーパーヴィジョン―学派を超えた統合モデル』金剛出版
平木典子（二〇一三）「現代日本の結婚・離婚―家族と仕事の葛藤から統合へ」家族心理学年報、Vol.31（現代の結婚・離婚）．金子書房．2-17.

平木典子・柏木恵子（二〇一三）『家族を生きる―違いを乗り越えるコミュニケーション』東京大学出版会
平木典子・柏木恵子・平山順子・秋山泰子（二〇〇三）「夫婦の結婚満足度と夫婦間コミュニケーション」安田生命社会事業団研究助成論文集、38, 133-141.
平木典子・野末武義（二〇〇〇）「家族臨床における心理療法の工夫―個人心理療法と家族療法の統合」精神療法、26, 334-343.
平木典子・野末武義・安藤由紀子・岸敬子（一九九九）「自己分化インベントリー開発の試み―多世代家族関係理解のために」安田生命社会事業団研究助成論文集、34, 144-151.
柏木恵子・平木典子（二〇〇九）『家族の心はいま―研究と臨床の対話から』東京大学出版会
Lambert, M.J.（1992）Psychotherapy outcome research: Implication for integrative and eclectic therapies. In J.C. Garfield &M.R. Goldfried（Eds.）Handbook of Psychotherapy Integration. New York: Basic Books. 94-129.
McGoldrick, M., Carter, B. & Garcia-Preto, N.（2011）The Expanded Family Life Cycle: Individual, Family, and Social Perspectives, 4th ed. Boston: Allyn & Bacon.
NCDA（National Career Development Association）（1994）From vocational guidance to career counseling: Essays to honor Donald E. Super. The Career Development Quarterly, 43(1).（仙崎武・下村英雄編訳（二〇一三）『D・E・スーパーの生涯と理論―キャリアガイダンス・カウンセリングの世界的泰斗のすべて』図書文化
Rogers, C.R.（1942）Counseling and Psychotherapy: New Concept in Practice. Boston: Houghton Mifflin.（末武康弘・保坂亨・諸富祥彦訳（二〇〇五）『カウンセリングと心理療法―実践のための新しい概念』岩崎学術出版社）
Savickas, M.L.（2011）Career Counseling. Washington, DC: American Psychological Association.
Savickas, M.L., Nota, L., Rossier, L., Dauwalder, J., Duarte, M.E., Guichard, J., Soresi, S., Esbroeck, R.V. & van Vianen, A.E.M.（2009）Life designing: A paradigm for career construction in 21st

century. Journal of Vocational Behavior, 75, 239-25.

Super, D.E., Savickas, M.L. & Super, C.M.（1996）The life-span, life-space approach to careers. In D. Brown & L. Brooks（Eds.）Career Choice and Development: Applying Contemporary Theories to Practice, 3rd ed. San Francisco: Jossey-Bass. 121-178.

渡辺三枝子編著（二〇〇七）『新版キャリアの心理学―キャリア支援への発達的アプローチ』ナカニシヤ出版

Williamson, E.G.（1939）How to Counsel Students: A Manual of Techniques for Clinical Counselors. New York: McGraw-Hill.

あとがき

本書は、私の三冊目の論文集です。『カウンセリングスキルを学ぶ』（二〇〇三）、『カウンセリングの心と技術』（二〇〇八）に続き、二〇〇九年から二〇二〇年にかけて執筆した一四編の論文から成り立っており、その選択、編集も金剛出版の立石正信氏によるものです。

本書は、上記の二書と異なるところが二点あります。

一点は、カウンセリング、心理療法など心理支援の面接スキルのテーマに加えて、アサーション・トレーニングに関わる論文が含まれていることです。

大学を中心に個人カウンセリングの実践と教育・訓練、そして家族関係の発達・修復・変化の支援を行ってきた経験の中で、アサーション・トレーニングは、カウンセリングや心理療法を求めて来談する人々の問題のすぐそばにある本人だけでない他の人々とのコミュニケーションや関係の問題への有力、かつ有用な支援の考え方と方法でした。そこには、個人的な苦悩や問題のみならず、より広い人間関係とコミュニケーションをめぐる人権や社会文化的な倫理の問題とも言える「自他尊重」という人間の在り方・生き方の問題が含まれています。そして、カウンセリングや心理療法の来談者の中には、そのような社会文化的な状況を背負いながら、自分の苦悩や問題があたかも自分個人の問題であるかのような思いを抱いて来談する人が少なくないのです。

それは、家族の中でも、学校や職場、コミュニティの中でも起こっており、カウンセラーはそれらを無視して中立的であることはできない立場に立たされます。同時に、カウンセラー自身も社会文化的なバックグラウンドの中で成長し、生きている人間として、果たして自分の立ち位置はどこなのかを問われます。

私のアサーションという考え方とその支援への関心は、苦悩や問題を抱えている人々の適応とは何かを問い、自己を生きる選択のきっかけづくりから始まっています。避けることのできない社会文化的な背景をもちながら人々が自分自身を生きようとするとき、自己表現は、苦悩や問題をもっていると自覚している個人だけではなく、より広い視野で、誰もが自他尊重というアサーティヴな生き方をするための問いかけでした。その問いかけは、今や、自己表現を抑えてしまう人々だけではなく、無意識のハラスメント（人権侵害）をしてしまう人々への問いかけにもなっています。

前書との第二の違いは、上記とも重なりますが、多元化、多様化している二一世紀の人間の苦悩や問題は、単なる個人の不適応や障害の問題としてではなく、人々の生き方の問題として捉えようとした論文を選んだことです。上記のアサーションの項でも述べたように、人々の問題や苦悩の訴えの支援は、「援ける人」と「援けられる人」とのやり取りではなく、自分の専門家であるクライエントと支援の専門家であるカウンセラーの協働作業であることを意味します。協働（collaboration）とは、co-labor（協力して働きかけ合う）ことであり、二人以上の人が、共通の目的に向かって主体的意欲とそれぞれのもてる力を合わせて、働き、成果を共有することです。

アサーションが協働を促す考え方と方法であるように、カウンセラーの専門性は、人々の苦悩や問題の裏には希望と目的、能力などが同時進行して表現されていることを理解しようとするところにあります。この作業をナラティヴ・セラピーでは、「ダブル・リスニング」と言いますが、そんな専門家同士の会話は、問題を解決するというより、対話の中で問題が解消されていくものとも言われます。

以上のような意味から、本書は縦書きになっています。

カウンセリングとは、クライエントの問題や障害の解決の支援ではなく、カウンセラーの専門性も含めて社会文化的背景の異なる者同士の「違い」が、適切な刺激として相互に作用し合い、関係の中で活かされ、新たな意味を得て、クライエントの尊厳が回復されるプロセスだと言えるのではないでしょうか。

二〇二二年五月　世界的コロナ禍のまん延の中で

平木 典子

初出一覧

第Ⅰ部　カウンセリングの原則を学ぶ

精神療法を教え伝える　精神療法増刊 3 号　2016
面接技法向上のために　家裁調査官研究紀要 22 号　2016
面接技法向上のための研さんの在り方　家裁調査官研究紀要 13 号　2011
アサーションによるストレスマネジメント　更生保護 60 巻 6 号　2009
子どものよさに気づく：ほめるための基本　児童心理 67 巻 5 号　2013
「聞く力」とは　児童心理 67 巻 5 号　2013
自己再生と関係回復を目指す　臨床心理学 16 巻 3 号　2016

第Ⅱ部　臨床現場で活かすカウンセリングスキルのコツ

人と人をつなぐ心理学　明治学院大学年報 3 号　2010
まっすぐに自分を伝える秘訣，教えます　婦人公論　2010
継続的接触を考える　更生保護 56 巻 2 号　2005
なぜ感情表現が大切なのか　児童心理 63 巻 7 号　2009
「自分を大切にする」とは　児童心理 66 巻 11 号　2012
家族の多様性をめぐって　家族心理学年俸 37 号　2019
ワークとライフをつなぐ働き方を考える　現代女性とキャリア 12 号　日本女子大学　現代女性キャリア研究所　2020

□著者略歴

平木 典子（ひらき・のりこ）

1959 年　津田塾大学学芸学部英文学科卒業
1964 年　ミネソタ大学大学院修士課程修了（MA）
1967 年　立教大学カウンセラー
1991 年　日本女子大学人間社会学部心理学科教授
1998 年　統合的心理療法研究所（IPI）設立・所長
2005 年　跡見学園女子大学教授
2007 年　東京福祉大学大学院教授
2016 年より，IPI（Institute for Psychotherapy Integration）統合的心理療法研究所・顧問，日本アサーション協会会長

［編著書］

「新・カウンセリングの話」「アサーションの心」朝日新聞出版／「三訂版アサ～ション・トレーニング」「自己カウンセリングとアサーションのすすめ」金子書房／「統合的介入法」「家族の心はいま」東京大学出版会／「図解 自分の気持ちをきちんと〈伝える〉技術」「図解 相手の気持ちをきちんと〈聞く〉技術」PHP 研究所／「アサーション入門─自分も相手も大切にする自己表現法」講談社現代新書／「カウンセリング・スキルを学ぶ」「カウンセリングの心と技術」「ビジネスパーソンのためのアサーション入門」（共著）「新世紀うつ病治療・支援論」（共著）「増補改訂 心理臨床スーパーヴィジョン」金剛出版，他。

カウンセリング・スキルアップのこつ

──面接《めんせつ》に活《い》かすアサーションの考《かんが》え方《かた》──

2022 年 6 月 20 日　印刷
2022 年 6 月 30 日　発行

著　者　平木典子
発行者　立石正信

装丁　戸塚泰雄／　装画　millitsuka

印刷・製本　モリモト印刷

株式会社　金剛出版
〒 112-0005　東京都文京区水道 1-5-16
電話 03（3815）6661（代）
FAX03（3818）6848

ISBN978-4-7724-1862-1　C3011　Printed in Japan ©2022